GENESIS

CLAUDE NURIDSANY et MARIE PÉRENNOU

Éditions
de La Martinière

Toutes les histoires ont un commencement. Le début de mon histoire à moi disparaît dans les limbes. Comme toi, comme nous tous, j'ai perdu à jamais le souvenir de ma naissance… Suis-je né le jour où ma mère m'a mis au monde ? Ou bien la nuit où mes parents se sont aimés ? Et avant cet instant, où était ce qui allait un jour se réunir pour devenir moi ? Où était dispersée cette galaxie de dix milliards de milliards de milliards d'atomes qui allait devenir moi ? Dans quelle plante, quel caillou, quel animal, quel visage ont-ils migré avant de se retrouver en moi ?

Et avant même qu'apparaisse la Vie, avant même que la Terre se forme à partir des poussières d'étoiles, où étaient-ils ? Où étaient ces morceaux du puzzle ?

Mon histoire se confond avec l'histoire de l'Univers…

Au commencement des commencements, à l'origine des origines… il n'y avait rien.

Je ne peux dire « En ce temps-là » car le temps n'existait pas. Je ne peux dire « Dans ce pays-là » car l'espace n'existait pas…

Soudain, ce vide accouche d'un minuscule œuf d'énergie et de matière… C'est la naissance de l'espace et du temps…

Ce bébé-univers se dilate à toute vitesse, enfle comme une gigantesque citrouille. D'abord, la pâte de l'univers est lisse et uniforme. Puis apparaissent les premiers grumeaux, de simples nuages de gaz, qui deviennent les galaxies…

…Dans ces galaxies naissent des étoiles, chaudrons ardents où se forment tous les atomes dont notre monde est fait. Ces minuscules graines de matière se disséminent comme poussière au vent et ensemencent l'espace. Les atomes qui feront les nuages et les montagnes, les papillons et les tigres, les fleurs… et nous-mêmes… et plus de choses que ma bouche peut dire…

Dans un coin de l'univers, comme un nuage de lait dans le noir du vide, se forme une grande galaxie, la Voie Lactée, une pépinière de cent milliards d'étoiles.

C'est dans une lointaine banlieue de la Voie Lactée que naît la planète Terre. Elle grandit en grappillant les miettes laissées par une étoile toute neuve, le Soleil.

La jeune Terre est brûlante comme un plat qu'on vient de sortir du four.

À ses débuts, la Terre n'est pas la terre. Il n'y a que le feu… C'est la planète Feu.

Toutes les histoires ont un commencement. Le début de mon histoire à moi disparaît dans les limbes. Comme toi, comme vous tous, j'ai perdu à jamais le souvenir de ma naissance… Suis-je né le jour où ma mère m'a mis au monde ? Ou bien la nuit où mes parents se sont aimés ? Et avant cet instant, où était ce qui allait un jour se réunir pour devenir moi ? Où était dispersée cette galaxie de dix milliards de milliards d'atomes qui allait devenir moi ? Dans quelle plante, quel caillou, quel animal, quel visage ont-ils niché avant de se retrouver en moi ?

Et avant même qu'apparaisse la Vie, avant même que la Terre se forme à partir des poussières d'étoiles, où étaient-ils ? Où étaient ces morceaux du puzzle ?

Mon histoire se confond avec l'histoire de l'Univers…

Au commencement des commencements, à l'origine des origines… il n'y avait rien.

Je ne peux dire « En ce temps-là » car le temps n'existait pas. Je ne peux dire « Dans ce pays-là » car l'espace n'existait pas…

Soudain, ce vide accouche d'un minuscule œuf d'énergie et de matière… C'est la naissance de l'espace et du temps…

Ce bébé-univers se dilate à toute vitesse, enfle comme une gigantesque citrouille. D'abord, la pâte de l'univers est lisse et uniforme. Puis apparaissent les premiers grumeaux, de simples nuages de gaz, qui deviennent les galaxies…

…Dans ces galaxies naissent des étoiles, chaudrons ardents où se forment tous les atomes dont notre monde est fait. Ces minuscules graines de matière se disséminent comme poussière au vent et ensemencent l'espace. Les atomes qui feront les nuages et les montagnes, les papillons et les tigres, les fleurs… et vous-mêmes… et plus de choses que ma bouche peut dire…

Dans un coin de l'univers, comme un nuage de lait dans le noir du vide, se forme une grande galaxie, la Voie Lactée, une pépinière de cent milliards d'étoiles.

C'est dans une lointaine banlieue de la Voie Lactée que naît la planète Terre. Elle grandit en grappillant les miettes laissées par une étoile toute neuve, le Soleil.

La jeune Terre est brûlante comme un plat qu'on vient de sortir du four.

À ses débuts, la Terre n'est pas la terre. Il n'y a que le feu… C'est la planète Feu.

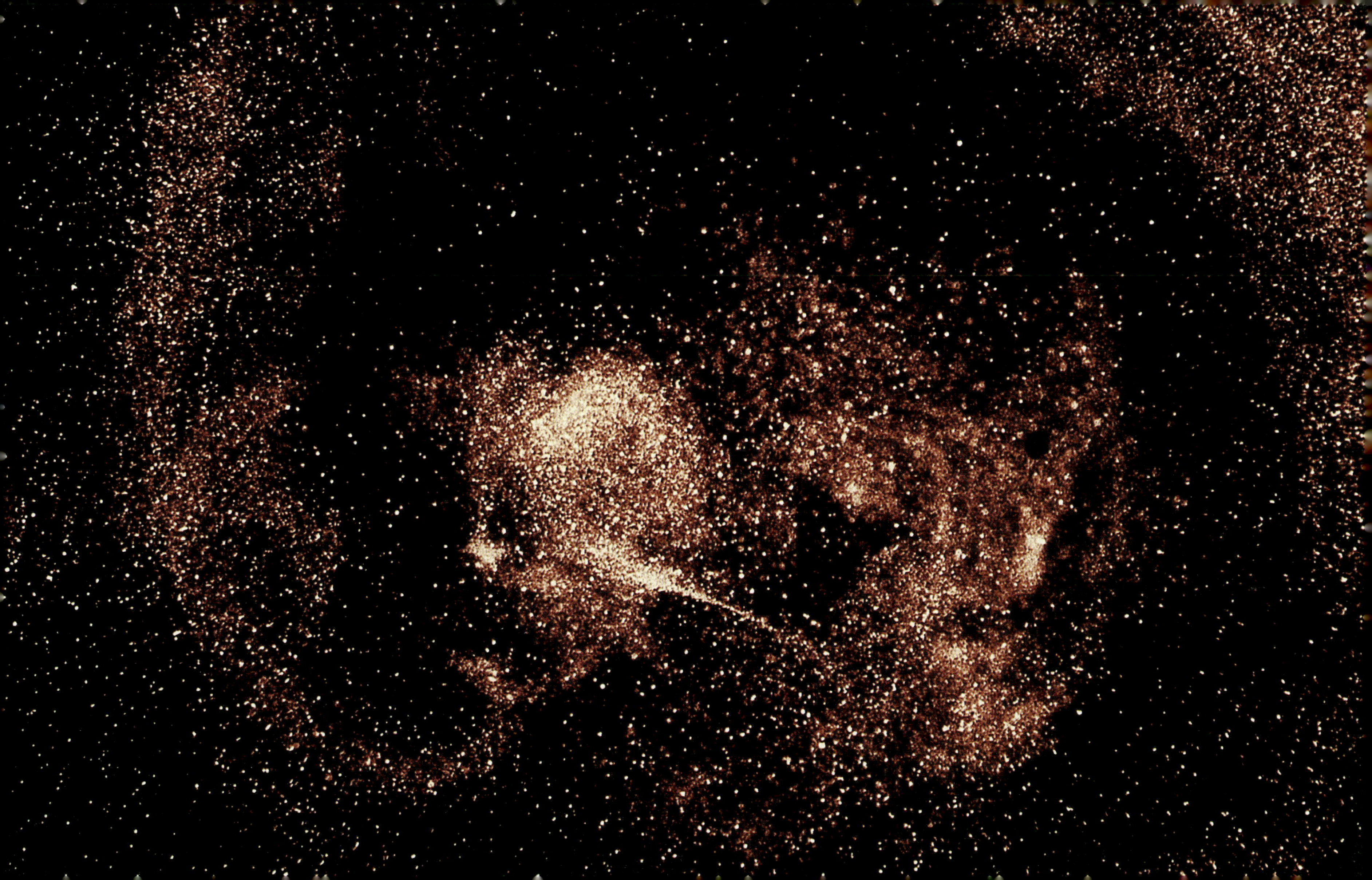

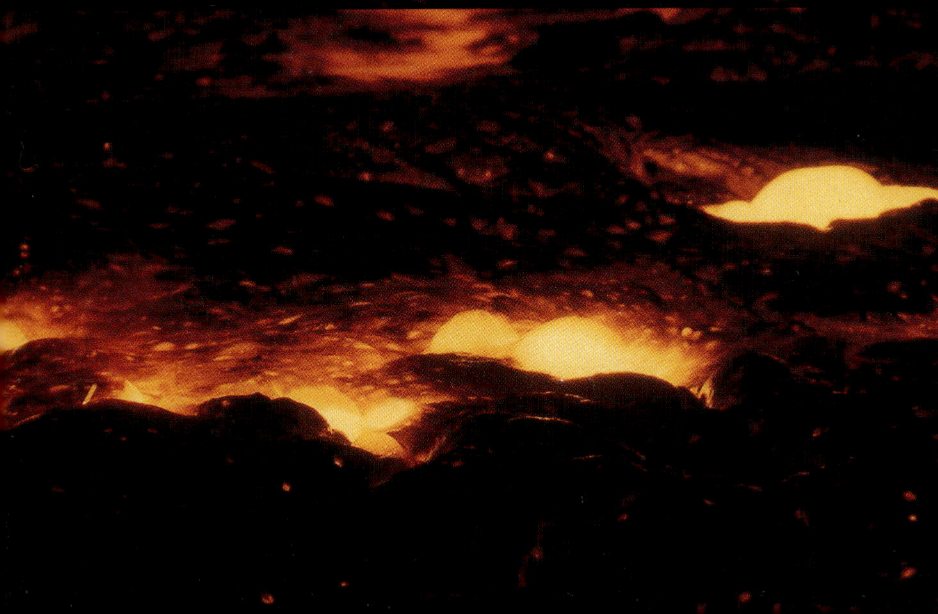
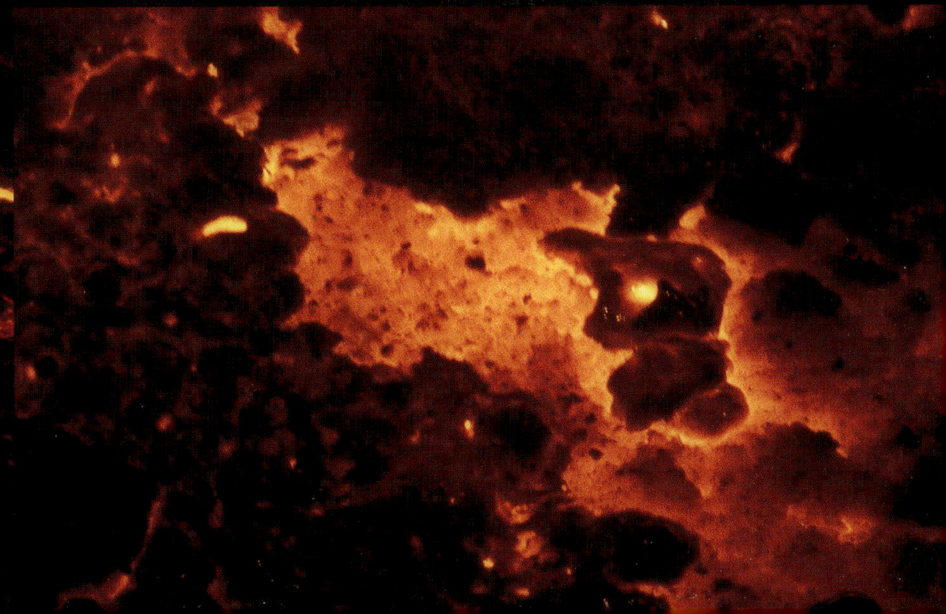

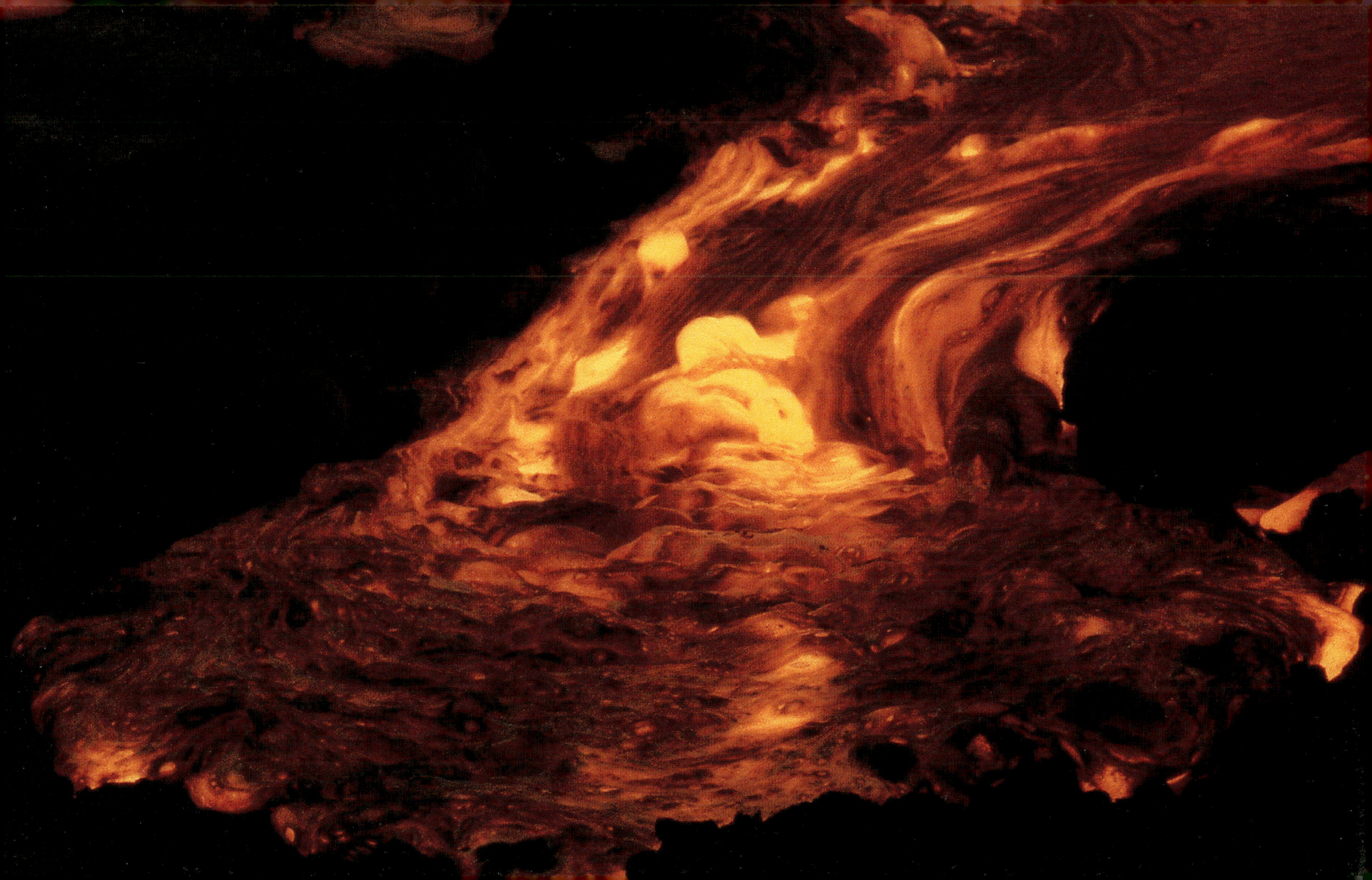

Maintenant les roches en fusion se sont refroidies et la vapeur du ciel se déverse en déluge sur la terre en créant les mers. Une pluie continue pendant des milliers d'années.

La planète Feu devient la planète Mer.

Mais l'eau de ce déluge, qui a rempli les océans et fait couler les fleuves sur la terre encore fumante, n'est pas un corps comme les autres. C'est un chaos sans forme, capable de toutes les formes... C'est le liant universel, la sauce qui permet tous les mélanges, favorise toutes les combinaisons.

Grâce à cet élixir, la matière a suivi sur la Terre une voie aventureuse.

Dans de petits creusets chauffés par le soleil, gorgés d'eau et de sels, se forme une sorte de soupe chaude, la soupe de nos origines...

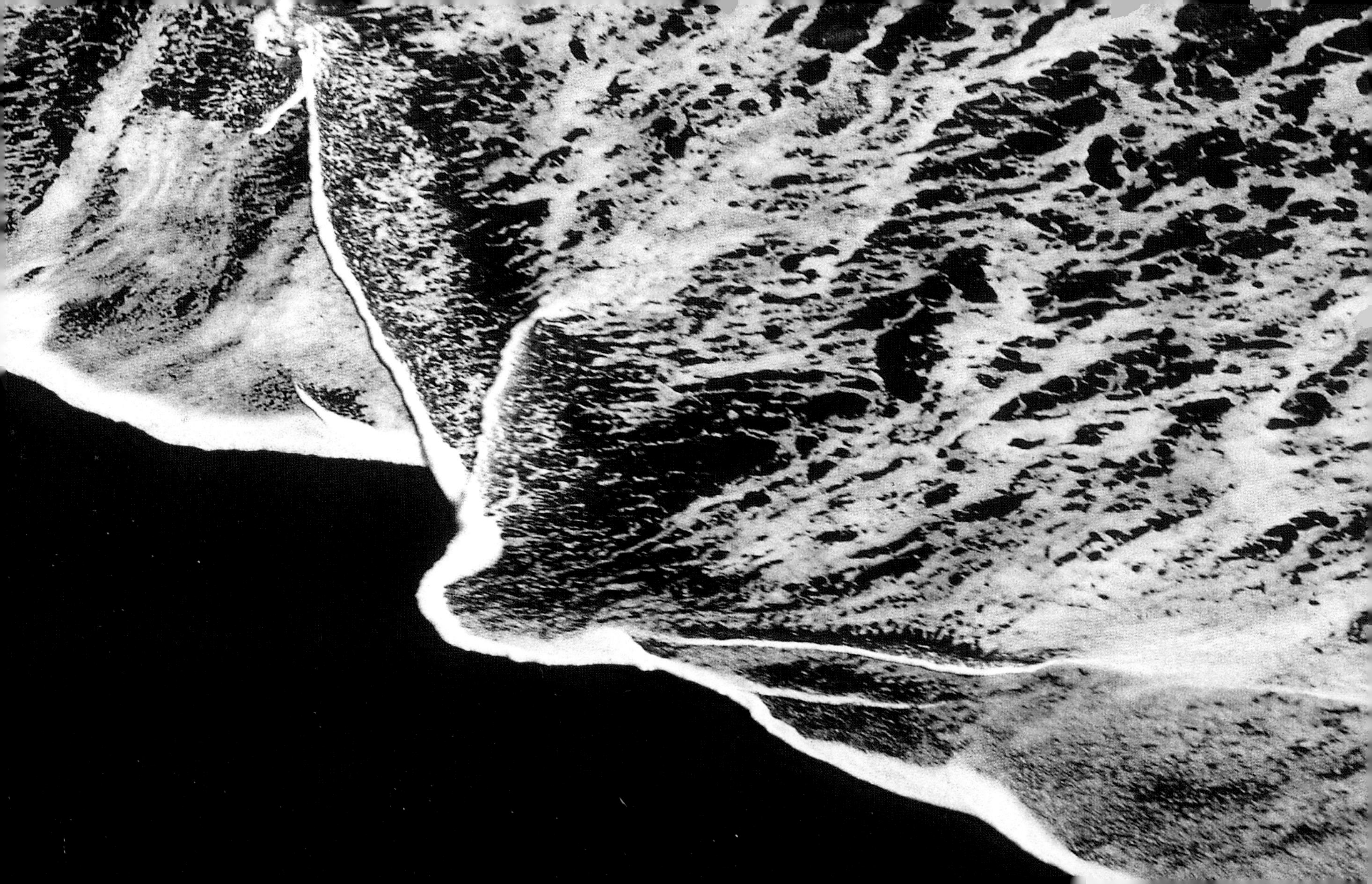

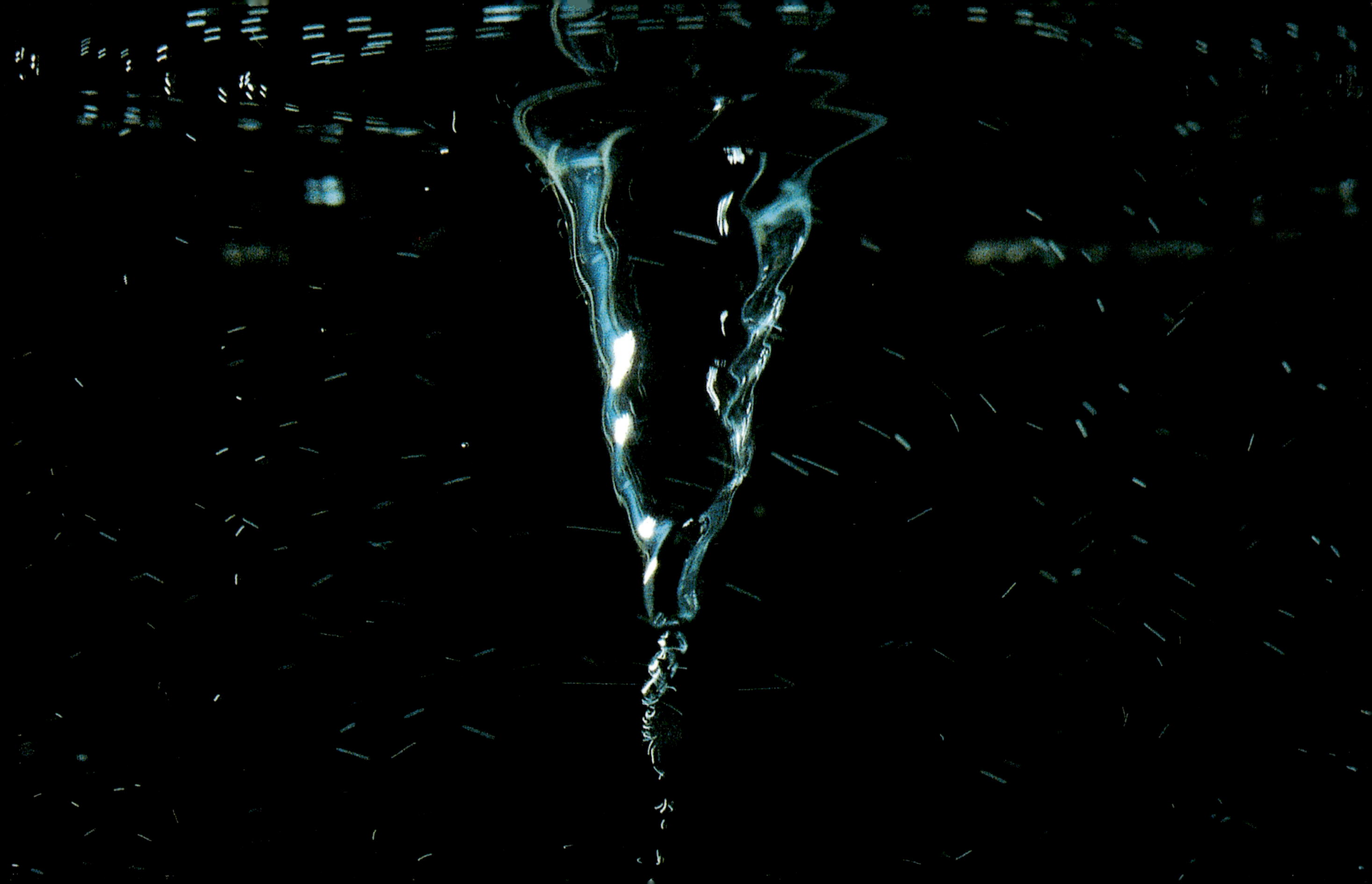

La matière essaie une nouvelle façon d'être, qui résiste au pouvoir dévastateur du temps : de minuscules bulles fermées, repliées sur elles-mêmes, qui inventent le dedans et le dehors, comme autant de mondes clos, plus petits que des grains de sable. Ce sont les premiers enfants de la vie.

Si tu laisses tomber une goutte de lait dans l'eau, tu verras apparaître un instant des formes régulières qui semblent vivantes mais ce n'est pas la vie. La forme se dissipe progressivement et c'est le chaos qui l'emporte.

Même la fumée sait créer des formes... qui s'effacent aussi vite qu'elles sont nées.

La vie, c'est une forme qui demeure, une forme en lutte contre le temps. Une forme qui dure en dépit de la loi universelle qui pousse toute chose organisée vers le désordre, le chaos... Plus étrange encore : une forme qui reste semblable à elle-même alors que la matière dont elle est faite se renouvelle sans cesse.

Ma bouche, ma langue, mes lèvres, qui te parlent, ont changé continuellement leurs cellules depuis que je vis. Chaque heure du jour, des milliards d'entre elles meurent et sont remplacées dans mon corps.

Pourtant, je suis toujours moi, comme le fleuve reste le fleuve bien qu'une eau toujours neuve coure dans son lit.

Nous ne sommes pas des êtres de matière. Nous sommes des formes irriguées de matière, des rivières vivantes qui tracent leur cours sinueux dans l'étendue du temps.

La matière essaie une nouvelle façon d'être, qui résiste au pouvoir dévastateur du temps : de minuscules bulles fermées, repliées sur elles-mêmes, qui inventent le dedans et le dehors, comme autant de mondes clos, plus petits que des grains de sable. Ce sont les premiers enfants de la vie.

Si tu laisses tomber une goutte de lait dans l'eau, tu verras apparaître un instant des formes régulières qui semblent vivantes mais ce n'est pas la vie. La forme se dissipe progressivement et c'est le chaos qui l'emporte.

Même la fumée sait créer des formes… qui s'effacent aussi vite qu'elles sont nées.

La vie, c'est une forme qui demeure, une forme en lutte contre le temps. Une forme qui dure en dépit de la loi universelle qui pousse toute chose organisée vers le désordre, le chaos… Plus étrange encore : une forme qui reste semblable à elle-même alors que la matière dont elle est faite se renouvelle sans cesse.

Ma bouche, ma langue, mes lèvres, qui te parlent, ont changé continuellement leurs cellules depuis que je vis. Chaque heure du jour, des milliards d'entre elles meurent et sont remplacées dans mon corps.

Pourtant, je suis toujours moi, comme le fleuve reste le fleuve bien qu'une eau toujours neuve coule dans son lit.

Nous ne sommes pas des êtres de matière. Nous sommes des formes irriguées de matière, des rivières vivantes qui tracent leur cours sinueux dans l'étendue du temps.

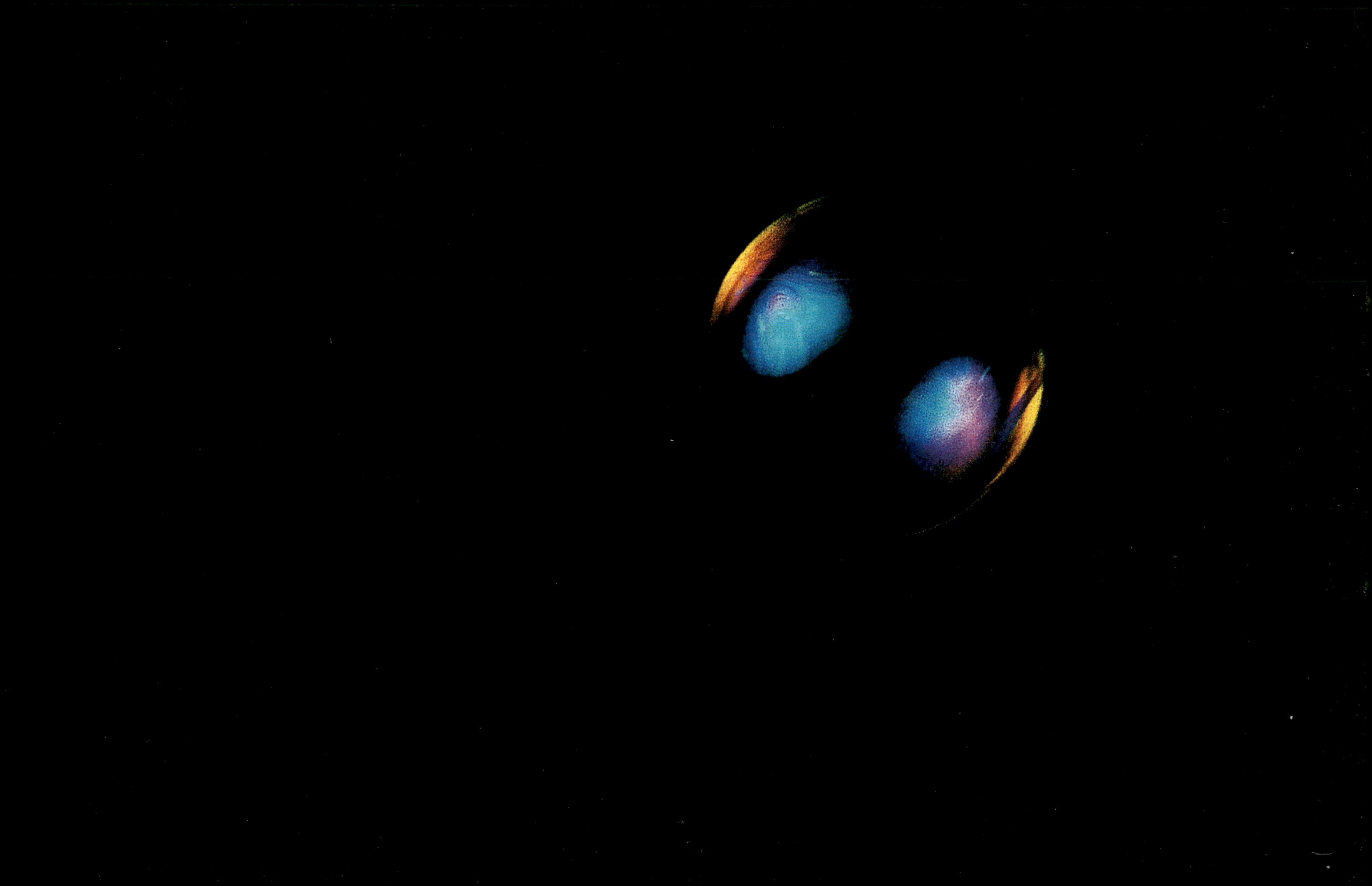

La vie est un tourbillon qui entretient son propre mouvement, encore et encore...

La vie avait tout l'océan pour elle et pendant trois milliards d'années elle s'en contenta. Mais pour le mouton, l'herbe semble toujours plus verte au-delà de la clôture... et au-delà des rivages s'étendait le monde vierge des terres émergées.

C'est ainsi que les poissons ont pris goût au paradis terrestre... et que naquirent les animaux à pattes...

Alors la Terre se couvrit de créatures et des millions de griffes, d'ongles, de sabots foulèrent le sol des continents...

La vie est un tourbillon qui entretient son propre mouvement, encore et encore…

La vie avait tout l'océan pour elle et pendant trois milliards d'années elle s'en contenta. Mais pour le mouton, l'herbe semble toujours plus verte au-delà de la clôture… et au-delà des rivages s'étendait le monde vierge des terres émergées.

C'est ainsi que les poissons ont pris goût au paradis terrestre… et que naquirent les animaux à pattes…

Alors la Terre se couvrit de créatures et des millions de griffes, d'ongles, de sabots foulèrent le sol des continents…

Dans l'histoire mouvementée de la vie sur Terre, l'épisode crucial qui permit le passage des poissons aux animaux à pattes est sans doute celui qui rencontre le plus d'incrédulité.

Il était pour nous essentiel de trouver, pour incarner cette révolution, un animal dont l'allure et le comportement pouvaient donner chair et crédit à cette partie de notre histoire commune.

C'est à Madagascar que nous avons rencontré l'acteur taillé pour ce rôle. Le périophtalme – un nom bien compliqué pour dire qu'il a les yeux au-dessus de la tête, comme une grenouille – déteste nager et n'aime guère l'eau. Ce poisson contre nature hante les mangroves, ces zones littorales à sol vaseux couvertes de palétuviers, perchés sur leurs racines en forme d'échasses. Utilisant ses nageoires pectorales comme des béquilles, il se hisse sur la boue, saute sur les souches et les branches d'un coup de queue et reste des heures au soleil. Ses beaux yeux, iridescents comme des opales, sont adaptés à la vision aérienne et c'est tout simplement à travers sa peau humide qu'il capte l'oxygène de l'air. Quand la mer se retire, les périophtalmes dressent des remparts de boue autour de leur terrier en recrachant par la bouche un peu de vase. Appuyés sur le bord de leur donjon, ils font le guet et les combats entre voisins sont fréquents car ils ne transigent pas avec les questions territoriales.

Le périophtalme appartient à une famille de poissons moderne et son adaptation aux délices de la vie terrestre est une évolution récente. Le groupe de poissons qui a donné naissance, il y a 400 millions d'années, aux animaux à pattes a disparu. Le cœlacanthe, fossile vivant dont les nageoires charnues préfigurent déjà la patte, appartient à un groupe proche de ces ancêtres. Mais lui est resté fidèle aux profondeurs de la mer.

Lors de notre voyage de repérage dans l'archipel des Galapagos, 1000 kilomètres à l'ouest de la République de l'Équateur, nous avons rencontré, avec l'iguane marin, un « personnage animal » tel que nous les aimons.

Son allure de dinosaure, son écaillure régulière comme une cotte de mailles, la belle crête qui orne son dos et s'agrandit en un diadème royal sur sa tête et, mieux encore, sa manière d'apprivoiser la mer, de jouer sans peur avec les vagues, nous ont immédiatement séduits.

Par un raccourci saisissant, l'iguane marin nous permettait d'évoquer l'ère des reptiles – ces presque 200 millions d'années de règne sans partage durant l'ère secondaire – et de rappeler que la vie était issue de la mer.

DANS L'EAU, ON DANSE AVEC LÉGÈRETÉ DANS UN FLUIDE QUI VOUS ENVELOPPE ET VOUS PORTE. S'AVENTURER SUR LA TERRE FERME, C'EST CHANGER DE PLANÈTE. FINI DE DANSER, IL FAUT MARCHER. ET LA PESANTEUR EST CRUELLE. LE CORPS DEVIENT LOURD À PORTER. TRÈS LOURD. C'EST LA PATTE, AVEC SA CHARPENTE D'OS, QUI LE SOUTIENT COMME UN PILIER VIVANT.

Bien sûr, dans la longue épopée des reptiles, cet iguane est le fruit d'une adaptation de fraîche date à la vie marine, dérivant probablement des iguanes terrestres.

Mais les images de petit dinosaure nageant obstinément parmi les vagues en oscillant de la queue ou, agrippé aux rochers de lave noire, faisant face aux rouleaux puissants du Pacifique, baissant la tête pour résister aux coups de boutoir de la mer puis se redressant vêtu d'une longue crinière d'écume, ont un tel pouvoir d'évocation qu'elles se sont imposées à nous.

Lorsque, dressé sur ses pattes avant, immobile, extatique, la tête pointant le soleil, il se chauffe avant d'aller brouter les algues sous l'eau et d'affronter le courant froid de Humboldt, venu tout droit de l'Antarctique, c'est une effigie hiératique, une sculpture barbare dédiée à l'astre du jour et à la beauté reptilienne.

Dans la nature, il arrive que les animaux nous offrent un spectacle qui est bien plus qu'un simple épisode de leur vie. Nous sentons en les regardant monter en nous une émotion intense et obscure, quelque chose qui nous fait renouer avec les âges très anciens, quand les mythes s'incarnaient avec évidence dans la nature environnante.

Quand a germé en nous le projet de faire un film autour du thème de la genèse – genèse du monde, genèse de la Vie, genèse de notre propre existence… – nous avons très vite pensé que si les animaux y auraient un rôle éminent, ils devraient nous apporter autre chose que leur seule présence physique. Quand on parle de genèse, on ne peut se cantonner au seul registre naturaliste. On touche là tout autant au monde de la mythologie, des croyances, des symboles, même si l'on s'efforce de rester proche du discours des hommes de sciences.

La puissante grenouille taureau africaine, sortant de la boue après que le déluge de la saison des pluies a transformé le dur sol crevassé en une immense vasière, nous a offert une de ces scènes chargées de sens. La surface de la boue se soulève. Une forme s'extirpe lentement, sculpture d'argile mal dégrossie, poignée de glaise animée. Quelques coups de patte pour nettoyer son museau et la voici qui apparaît avec son visage triangulaire. Elle a passé la saison sèche enfouie dans la terre. L'eau du ciel l'a fait sortir de sa retraite. Cette « naissance à partir de la boue » fait penser au mythe de la création de l'homme, que Yahvé modela avec la glaise du sol. Et comme mythe et sciences ne se tournent pas toujours le dos, il faut savoir que pour beaucoup de scientifiques, l'argile a joué un rôle déterminant dans la naissance de la vie, catalysant les réactions chimiques tout en offrant une sorte de « moule » aux structures moléculaires complexes nécessaires aux êtres vivants.

Voici près de 400 millions d'années, après que les plantes eurent entrepris de coloniser les terres émergées, transformant les roches stériles en un vert paradis, les animaux purent s'installer à leur tour sur ce nouveau monde. Des insectes, issus des crustacés marins, mais aussi des vertébrés, des sortes de grosses salamandres dérivant des poissons. La conquête de ces espaces vierges s'accompagna d'une explosion de formes vivantes nouvelles, des amphibiens – tritons, salamandres et grenouilles – puis des reptiles, les premiers mammifères n'apparaîtront que quelque 200 millions d'années plus tard.

Pour évoquer cette effervescence, cette ivresse, ce délire inventif de la vie expérimentant ce nouveau terrain de jeu qui s'offre à elle, nous avons opté pour un montage rapide, serré, une vision baroque, accompagnée d'une montée en puissance progressive des sons de la nature et des cris des animaux. En partant du bord de mer, avec l'armée des crabes rouges des Galapagos rampant sur la lave déchiquetée, en regardant le savant jeu de jambes du mille-pattes géant de Madagascar, puis cette galerie de portraits loufoques de caméléons malgaches, en grimpant avec ces colosses presque deux fois centenaires, les tortues éléphantines filmées à 1000 mètres d'altitude, après sept heures de marche, au sommet du volcan Alcedo, sur l'île Isabela, aux Galapagos, pour finir par une de ces farces dont la nature a le secret, cette étrange course du lézard à collerette d'Australie, corps dressé à la verticale, pattes avant repliées, préfiguration symbolique de la station bipède de l'homme à venir, ce lointain enfant des reptiles.

LE MONDE EST UN GRAND LABYRINTHE, PLEIN DE MYSTÈRES ET DE DANGERS. PERDU DANS CETTE IMMENSITÉ, CHAQUE ÊTRE VIVANT TRACE AUTOUR DE LUI UNE FRONTIÈRE INVISIBLE.
À L'INTÉRIEUR DE CE CERCLE MAGIQUE, DANS CET ESPACE FAMILIER DONT IL CONNAÎT CHAQUE RECOIN, IL SE SENT EN SÉCURITÉ.
SI UN INCONNU FRANCHIT CETTE LIMITE, ALORS COMMENCE LE TEMPS DES COMBATS...

On a souvent tendance à exagérer la férocité des combats animaux, comme pour reléguer davantage encore nos « frères inférieurs » dans leur bestialité. Pourtant, quoi qu'il en coûte à notre orgueil, la vérité nous oblige à dire que, si l'homme est passé maître dans l'art d'étriper ses semblables, les animaux de même espèce ne se tuent entre eux que très exceptionnellement. Pourtant les combats sont fréquents dans le monde animal, lorsque plusieurs mâles convoitent la même femelle ou encore lors des querelles de voisinage, des disputes territoriales.

À Madagascar, les caméléons-panthères sont assez ombrageux quand leur tranquillité se trouve menacée. Voici quelques années, nous avions adopté l'un d'eux et pris l'habitude de l'emmener avec nous en voiture. Chaque fois qu'il tombait nez à nez avec le rétroviseur, il se ruait sur lui en essayant de mordre l'image insaisissable de cet importun qui le narguait en mimant tous ses gestes...

Dérangé dans sa retraite, le caméléon-panthère abandonne sa modeste tenue de camouflage verte et exhibe un manteau écarlate, flamboyant. Avant tout, il s'agit d'impressionner le nouveau venu, d'exploiter tous les ressorts du combat psychologique. Il se gonfle pour paraître plus redoutable, ouvre grand sa gueule, souffle violemment. L'adversaire hésite, passe par toutes les couleurs. Un bref échange de morsures et le fâcheux abandonne la partie, devient vert sombre – signe de l'extinction des hostilités – et s'esquive discrètement.

En somme, beaucoup d'esbroufe et peu de coups. N'est-ce pas plus sage ainsi ?

En temps ordinaire, les iguanes marins des Galapagos répugnent à s'agiter. Se confondant avec la couleur sombre de la lave, ils ressemblent à des statues sculptées à même le roc. Ils restent vautrés en foule, des heures durant, sur les brisants, se chauffant au soleil, et ne consentent à bouger que pour plonger dans la mer à la recherche de nourriture.

Tout change à la saison des amours, une période de quelques semaines en janvier. Cette aimable placidité est oubliée et partout ce ne sont que défis, poursuites et affrontements. Les flancs des mâles sont rehaussés de rouge et de vert, parure de noces qui s'estompe dès la fin des accouplements. Lorsqu'un mâle veut approcher une femelle, il se dispose parallèlement à elle et rampe insensiblement de côté, dans un curieux cheminement en crabe, jusqu'à se trouver corps contre corps. La plupart du temps, l'élue s'enfuit car il n'est pas facile de séduire une iguane.

Mais l'essentiel de l'action se passe entre mâles. Eux s'abordent toujours de plein fouet, et sans ménagement, comme deux bulldozers. Arc-boutés sur leurs pattes musculeuses, ils se défient en hochant la tête, gueule entrouverte, puis se poussent de toute leur force du bout de leurs museaux, râpeux comme du papier de verre. Dans le feu du combat, ils marchent sur nos chaussures sans même nous voir et se poursuivent jusque sous le trépied de la caméra, qu'ils ébranlent de leurs coups. Ces joutes obstinées se soldent par quelques égratignures. Leur ritualisation très marquée – salut guerrier de la tête, attaques toujours de face, magnanimité du vainqueur – limite les risques de blessures graves. La musique pour percussions, que Bruno Coulais a imaginée pour cette séquence, la rythme à la manière d'un cérémonial, lui donnant un côté à la fois ludique et grave.

La vie a commencé,
fragile comme une écume,
et la voilà qui déferle
sur les continents,
se répand comme le lait
déborde de la marmite...

Un plus un... égale trois.
La vie a une drôle de façon
de faire ses comptes.
C'est ainsi qu'elle engendre des foules,
fabrique des multitudes.
Mais avant de faire trois,
il faut qu'un s'unisse à un...

L'amour n'a pas toujours existé. L'amour, et avant l'amour le désir, l'irrésistible attirance vers l'autre... Au tout début, dans les premières communautés vivantes, l'uniformité régnait entre les êtres et cette pulsion vitale ne pouvait s'imaginer. Pour qu'elle devienne réalité, il a fallu que survienne un événement qui allait complètement révolutionner l'histoire de la vie : l'invention de la sexualité.

À l'origine, les premiers organismes qui peuplaient la planète n'étaient composés que d'une seule cellule. La règle pour se reproduire était de se diviser en deux et d'engendrer des ribambelles de cellules filles toutes identiques créant ainsi des générations de clones parfaits. Puis un jour deux d'entre elles s'accolèrent l'une à l'autre non pas encore pour « faire un enfant » mais pour échanger la moitié de leurs chromosomes et en ressortir chacune profondément modifiée. La sexualité était née. La vie allait pouvoir s'essayer à toutes les combinaisons, explorer tous les possibles et donner naissance à l'immense diversité des formes sur terre.

C'est en regardant les volutes changeantes que dessine la mousse du café à la surface du bol du petit déjeuner que nous est venue l'idée des îlots d'écume comme symbole de la fusion des corps pour la séquence sur l'amour. Quand la distance qui sépare deux petits ronds de mousse se réduit, il arrive un moment où ils se précipitent inéluctablement l'un vers l'autre pour ne faire plus qu'un.

Cinq scènes composent la séquence. Comment les enchaîner ? Il nous vient en mémoire le merveilleux film *La Ronde* de Max Ophüls dans lequel chaque histoire d'amour est introduite par un personnage coiffé d'un haut-de-forme, se tenant sur un manège. Pourquoi ne pas imaginer que les îlots d'écume tournoyant par petites touches hésitantes à la surface de la marmite du conteur viennent en préambule de chaque saynète...

Comme deux aimants, les îlots d'écume s'attirent puis se fondent l'un dans l'autre.

Ainsi naquit l'amour. Nous sommes tous nés de l'amour.

Nés de cette règle du jeu de la vie qui veut qu'on se mette à deux pour en faire un troisième. Chacun ne possède que la moitié de ce qu'il faut pour en créer un autre.

Il n'y a qu'un moyen pour approcher la seconde moitié : la séduire. La séduction est une force qui agit à distance, comme l'attraction des corps. C'est un appel puissant, pressant...

Comme deux aimants, les îlots d'écume s'attirent puis se fondent l'un dans l'autre.

Ainsi naquit l'amour. Nous sommes tous nés de l'amour.

Nés de cette règle du jeu de la vie qui veut qu'on se mette à deux pour en faire un troisième. Chacun ne possède que la moitié de ce qu'il faut pour en créer un autre.

Il n'y a qu'un moyen pour approcher la seconde moitié : la séduire. La séduction est une force qui agit à distance, comme l'attraction des corps. C'est un appel puissant, pressant...

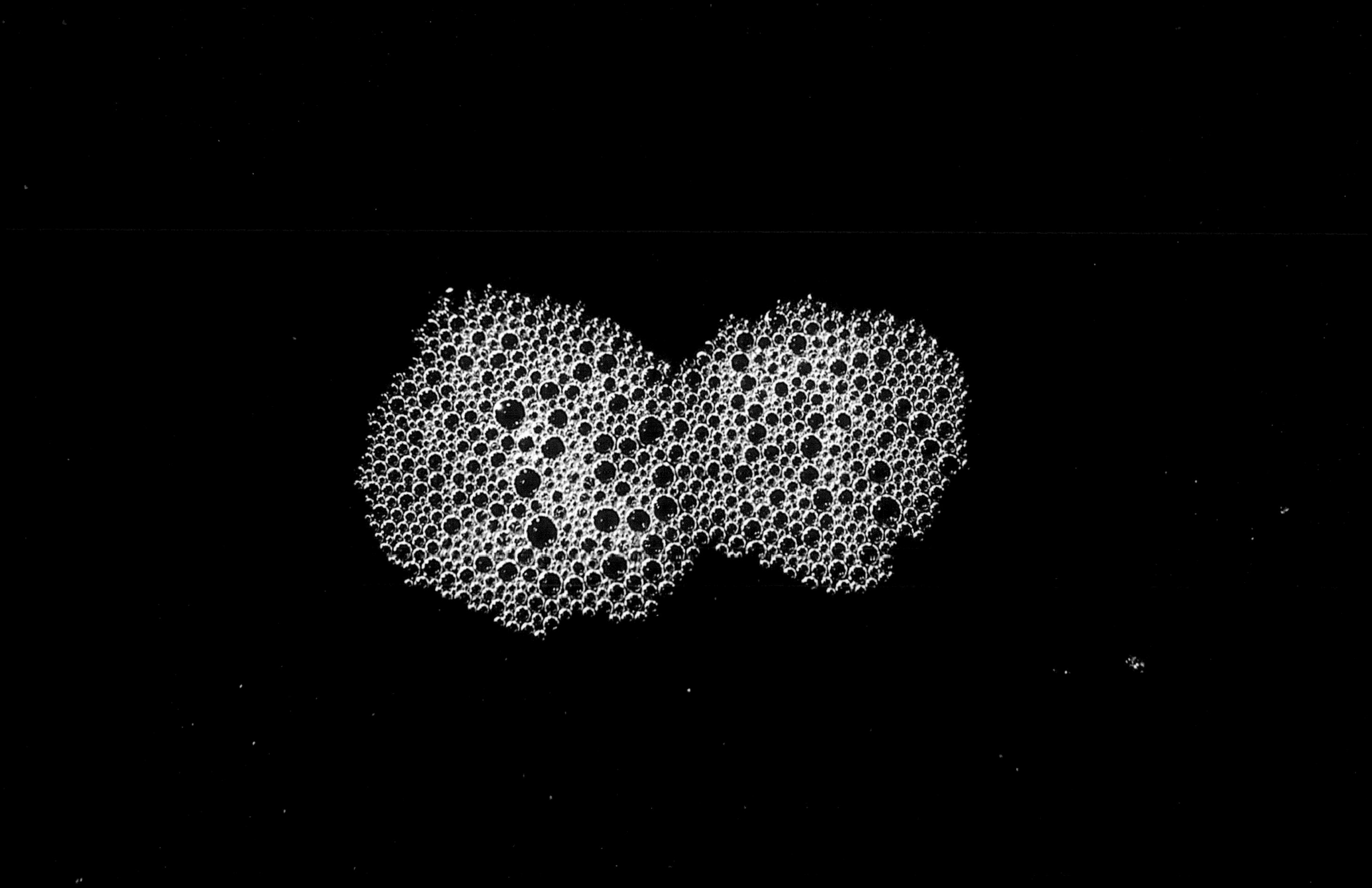

Désir, mon beau désir, es-tu bien partagé ?

En écrivant le scénario, les premiers personnages auxquels nous avons pensé pour incarner l'amour furent les crapauds. Leur image s'est imposée d'emblée, tant de souvenirs marquants liés à leur rencontre jalonnent notre vie… Souvenirs précis des mares de notre enfance et des journées passées à guetter les nuées de têtards sortis des longs chapelets d'œufs brillants comme de petites perles noires que la femelle enroule autour des plantes immergées.

Plus tard, habitant Paris, nous n'aurions pour rien au monde manqué le rendez-vous avec les crapauds des étangs de Ville-d'Avray qui avait lieu chaque année au mois de mars. Ils arrivaient par centaines après une longue marche à travers le sous-bois couvert de renoncules jaune d'or pour atteindre leur mare d'origine afin de s'accoupler et pondre leurs œufs.

Dans le film, la scène des crapauds se passe en Aveyron, pas très loin de notre maison. Nous cherchions un lieu qui évoque un décor de conte en souvenir d'une rencontre inoubliable faite en Provence près du village de Grimaud voilà plus de vingt ans. Dans un vallon moussu à flanc de garrigue deux crapauds enlacés nageaient en suivant le cours d'un petit torrent bordé de joncs, de graminées, de menthe sauvage, posés comme des bouquets entre les rochers. La vision du couple dans ce creux de paradis, la grâce avec laquelle ils nageaient fut un éblouissement. Ce n'était plus la figure mal aimée de vilains crapauds que nous avions sous les yeux mais l'image enchantée de ce qu'avait dû être le premier couple sur terre…

Dans la séquence, la caméra suit le voyage des deux amants jusqu'à ce que, épuisés, ils trouvent dans la mare un coin qui leur convienne. La femelle pond alors ses œufs dans l'eau tandis que le mâle, qui l'enserre très fort de ses bras, les arrose de sa semence. L'étreinte du crapaud porté sur le dos de sa compagne aura duré trois jours.

Choisir des araignées comme protagonistes d'une séquence sur l'amour relève du même parti pris que celui d'avoir décidé d'élire des insectes comme acteurs exclusifs dans *Microcosmos*. Des animaux extrêmement éloignés de nous, insignifiants par la taille, avec lesquels on ne peut tisser aucun lien affectif se révèlent d'autant plus émouvants qu'ils évoquent en nous, au travers d'instants saisis de leur quotidien, des images de notre propre vie.

La scène qui nous révéla les rites surprenants de l'amour chez les araignées remonte au temps lointain où nous louions pour l'été une maison isolée en Aveyron pour effectuer des prises de vues. C'était l'heure de la sieste et le calme régnait dans la chambre quand notre regard fut attiré par des tremblements répétés dans le réseau de toiles d'araignées qui parsemait le plafond. Trois pas en avant, un pas en arrière. Un couple de phoques – c'est le nom de ces petites araignées des maisons – tente une approche amoureuse. Le mâle, plus petit, avance avec une extrême prudence. Par instinct, il sait qu'il risque d'être pris pour une proie se débattant dans l'enchevêtrement des fils de soie s'il n'adopte en marchant une certaine cadence pour se faire reconnaître. Parfois, ils se rapprochent presque à se toucher mais, pris de panique, ils se mettent alors à tournoyer sur eux-mêmes en une danse endiablée. Une façon de calmer le jeu et d'échapper au regard de l'autre en se « volatilisant » dans l'espace… Leur vitesse de rotation est telle qu'elle transforme les contours de leurs corps en un brouillard diffus. À force d'insister, le mâle finit par gagner la confiance de la femelle et s'unir à elle… Deux heures venaient de s'écouler. Nous n'avions pas vu le temps passer.

ON N'A JAMAIS VU UNE BELLE S'ACCOMMODER D'UN IMPATIENT… EN AMOUR, LE CHEMIN QUI SERPENTE EST TOUJOURS LE PLUS COURT.

Nous trouvions intéressant de traiter de façon très épurée la scène des araignées. Pas de décor mais un fond noir, une lumière mettant en valeur le graphisme des corps, un cadrage presque abstrait dans l'esprit de certains spectacles de marionnettes. L'essentiel viendrait du rythme des pas et de la musique.

QUAND LES AMANTS SE SONT TROUVÉS,
ILS FÊTENT LEUR RENCONTRE EN DANSANT.
QUAND LES AMANTS SE SONT ACCEPTÉS,
ILS S'ENLACENT ÉTROITEMENT,
COMME SE MÊLENT FEU ET FUMÉE.

Cheval de mer pour les Anglo-Saxons (*sea-horse*), cheval-chenille pour les anciens (*hippocampus*), monture sous-marine richement harnachée tirant le carrosse de quelque princesse des sirènes dans d'innombrables contes, l'hippocampe est une légende vivante.

À créature chimérique, amours d'exception. Dès le début du printemps, dans le bassin de Thau, au bord de la Méditerranée, les « hippocampes à rameaux », dont la tête est coiffée d'une majestueuse ramure brune évoquant les bois d'un cerf, se livrent à un subtil manège. Mâles et femelles se poursuivent, s'étreignent à l'aide de leurs queues préhensiles, qui jouent à se nouer et dénouer. Ils montent et descendent entre deux eaux, tels des ludions, tournent et retournent, jouent à cache-cache parmi les algues, se saluent par des courbettes. Ce menuet lent est mené avec une grâce, une délicatesse extrêmes. Car un hippocampe ignore en toute chose la brusquerie, la précipitation. Il se déplace avec une lenteur somnambulique, faisant à peine frémir ses nageoires, fines comme des éventails.

C'est alors que le mâle exhibe l'arme de séduction décisive. Il se plie en deux, queue à angle droit du corps. Sa poche incubatrice ventrale se gonfle d'eau, s'arrondit comme le ventre d'une femme enceinte. Les fiancés, au comble de l'émotion, abandonnent leur couleur brune et pâlissent jusqu'à devenir blancs comme neige.

Si les mâles ventripotents ont tant de succès chez les hippocampes, c'est que les femelles identifient ainsi ceux qui offriront le meilleur réceptacle pour leur progéniture. Chez ces êtres hors normes, la femelle pond bien les œufs… mais dans la poche de son compagnon. Après un à deux mois de « grossesse », celui-ci accouchera, avec force contractions, d'une centaine de bébés-hippocampes.

Quand au bal des amours,
les cavaliers se pressent en nombre,
la dispute n'est pas loin.

Nos gestes – notre démarche, la façon dont nos mains accompagnent nos paroles – traduisent (ou trahissent !) mieux notre personnalité que ne le fait notre physionomie. C'est pourquoi lorsque nous surprenons chez un animal un geste qui nous est familier, cette intimité soudaine qui nous lie à lui nous trouble et nous ravit.

Les crabes violonistes, encore nommés crabes appelants, agitent leur pince de la façon même dont nous faisons signe du bras pour dire « Viens ! ». Seuls les mâles possèdent une de leurs pinces hypertrophiée, sorte de « violon » qui pèse jusqu'à la moitié du poids du corps. Dressés sur la pointe de leurs griffes, pivotant sur eux-mêmes, ils lancent leur invitation à la cantonade. À perte de vue, des milliers de pinces colorées se lèvent, car la vase de la mangrove est minée de terriers de crabes creusés côte à côte. La concurrence est rude entre les prétendants. Et cette pince qui délivre leur message amoureux va se transformer en arme. Arme plus impressionnante qu'efficace, plus proche des accessoires de carnaval en carton-pâte que de la panoplie guerrière. Si fragile qu'elle est souvent arrachée au cours des combats (elle se régénère lors des changements de carapace, ou mues).

La femelle ne prête attention aux gesticulations d'un mâle que quand il est tout proche. Si elle accepte la proposition, elle entre dans le terrier de l'heureux candidat, parfois après un moment de délicates caresses. Le mâle prend la précaution de fermer l'entrée de son logis derrière lui en débitant en un clin d'œil, avec ses pinces, un rond de sable humide en guise de couvercle.

Quand les amants sont réunis...
Ah!... quand les amants sont réunis...

Il se lisse les plumes de l'aile droite, elle entreprend la même toilette. Un cri dans la forêt la fait se dresser brusquement, il se redresse en même temps. Le moment de la sieste, tête sous l'aile, est décidé à la même seconde, tout comme celui du bain ou du ravitaillement.

Les Inséparables, petits perroquets africains, donnent l'image de l'amour le plus fusionnel. Mais lorsqu'ils souhaitent se becqueter mutuellement, ils sont contraints d'alterner les rôles et cette rupture dans leurs habitudes de parfait mimétisme engendre parfois une dispute passagère – lequel doit, le premier, becqueter l'autre ? – très vite oubliée dans une séance de becquetage intensif.

Les Inséparables sont l'incarnation parfaite du mythe platonicien de l'amour. Platon nous raconte qu'au début des temps, la Terre portait des êtres doubles, à la fois mâles et femelles, qui étaient si forts, si courageux, qu'ils tentèrent d'escalader le ciel pour combattre les dieux. Le Dieu souverain en fut courroucé et décida de les couper en deux. Alors, chacun regrettant sa moitié, s'enlaça à elle avec le désir de s'y fondre à nouveau : ainsi naquit l'amour.

Les Inséparables vivent toujours blottis l'un contre l'autre, se prodiguant mille caresses pour s'assurer que leur compagnon est bien là. Si l'un des membres du couple meurt, le survivant dépérit rapidement, à moins qu'un nouveau partenaire finisse par le séduire. Les Inséparables ont presque réinventé les êtres bisexuels des débuts mythiques du monde, et c'est la mort qui se charge de trancher ces idylles si intimement nouées.

C'est l'amour qui m'a tiré du néant. Et puis j'ai eu deux vies. L'une où j'ai habité le ventre de ma mère. L'autre où j'ai habité le vaste monde. Du moment où j'ai été conçu jusqu'à ma naissance, j'ai vécu en raccourci l'histoire de la Genèse...

Au commencement, j'étais une créature aquatique.

La poche des eaux remplaçait la mer primordiale des débuts du monde.

À cette époque où j'étais à peine gros comme un haricot, j'avais un air de famille frappant avec les animaux.

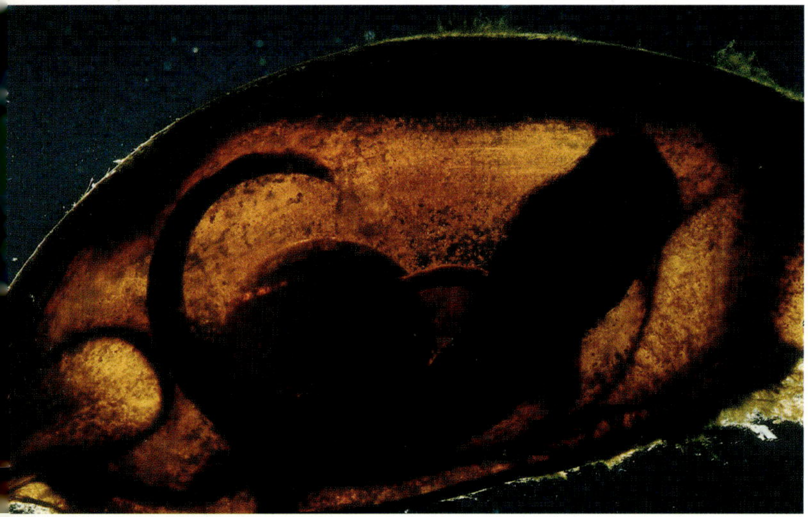

DANS CET ÂGE OÙ S'INVENTENT, SE PÉTRISSENT
PEU À PEU NOS CORPS, NOUS NOUS RESSEMBLONS TOUS
COMME DES JUMEAUX. CAR NOUS SOMMES COMME DES FILETS D'EAU
JAILLISSANT DE LA MÊME SOURCE. COMME LES NERVURES
D'UNE MÊME FEUILLE, LES BRANCHES D'UN MÊME ARBRE.
NOUS SOMMES MEMBRES DE LA MÊME TRIBU,
LA GRANDE TRIBU DES VIVANTS.
C'EST AINSI QUE J'AI ÉTÉ UN PEU POISSON, UN PEU GRENOUILLE,
QUAND J'HABITAIS ENCORE LE VENTRE DE MA MÈRE,
PORTANT DES BRANCHIES DANS MON COU ET DES NAGEOIRES
SUR MES FLANCS, FLOTTANT ENTRE DEUX EAUX DANS MON
AQUARIUM SOUPLE ET REBONDI.

Ci-dessus: Embryon de requin dans son œuf corné.
Page de droite : Fœtus humains à 4 mois et demi de gestation.

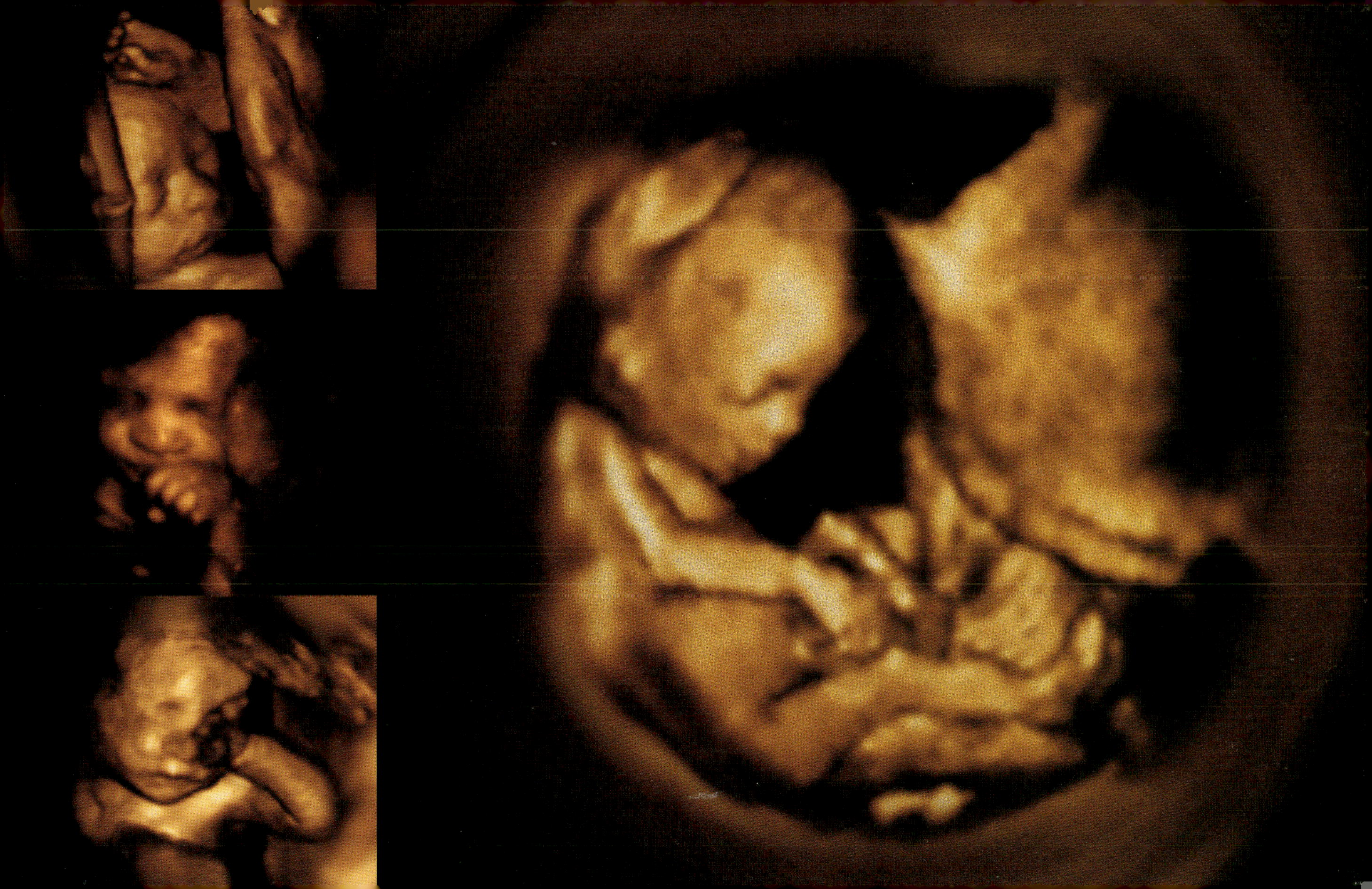

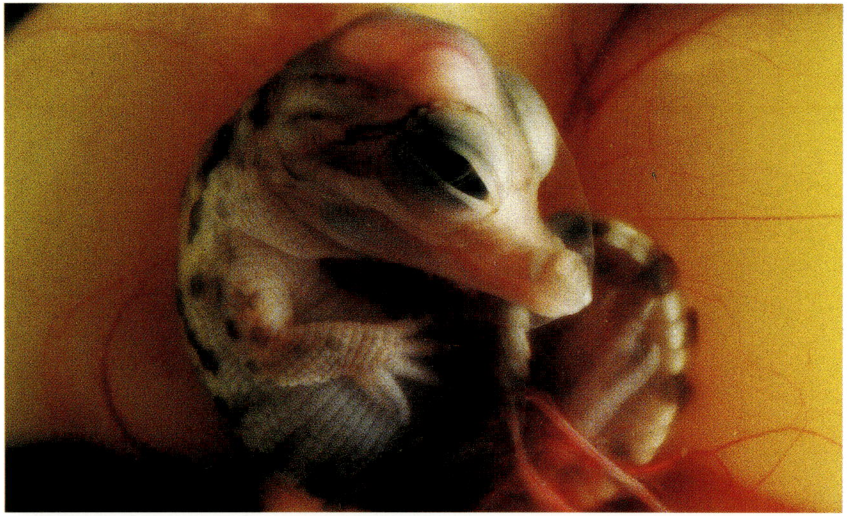

Bébé crocodile dans son œuf,
en haut à 45 jours d'incubation.
En bas et en page de droite,
à 60 jours d'incubation.
La durée totale de l'incubation est
d'environ 90 jours.

Chaque être se construit, cellule après cellule,

comme un grand village, avec ses rues, ses quartiers,

tandis que cogne le tam-tam du cœur.

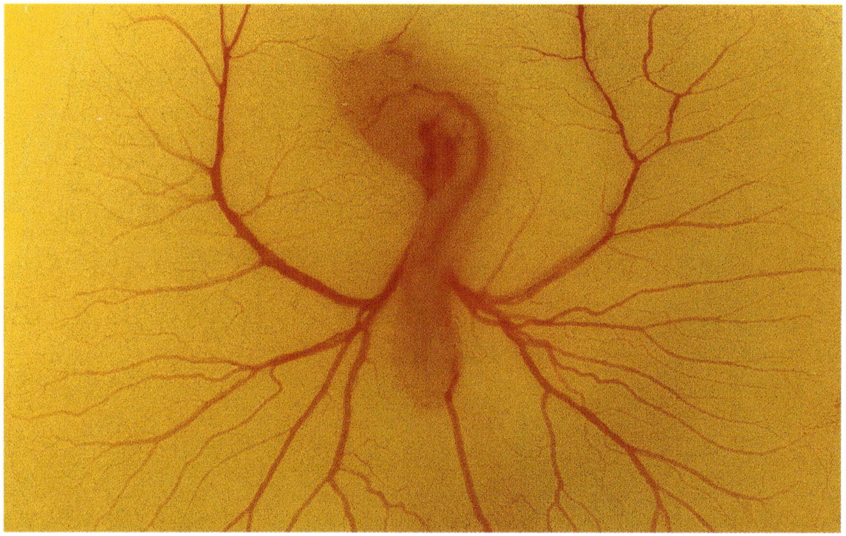

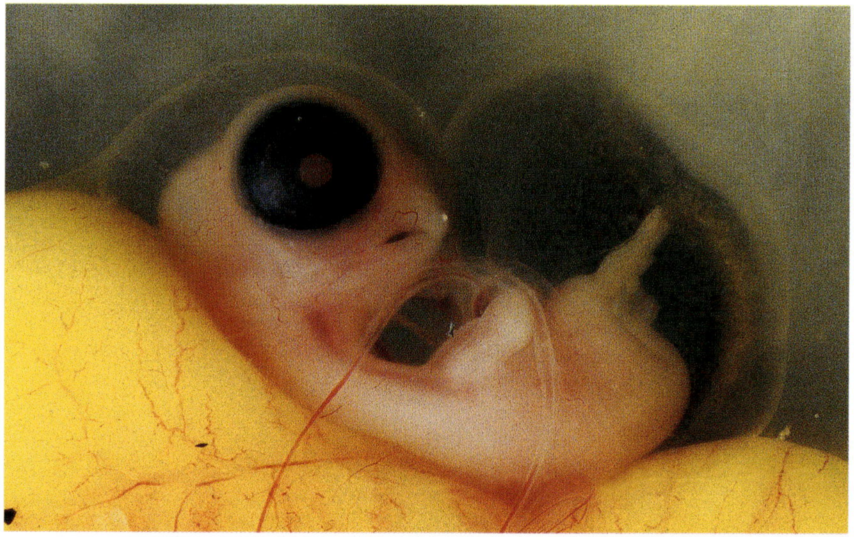

Ci-dessus : Embryon de poulet
âgé de 3 jours (à gauche)
et de 8 jours (à droite).
Page de droite : à 15 jours d'incubation.

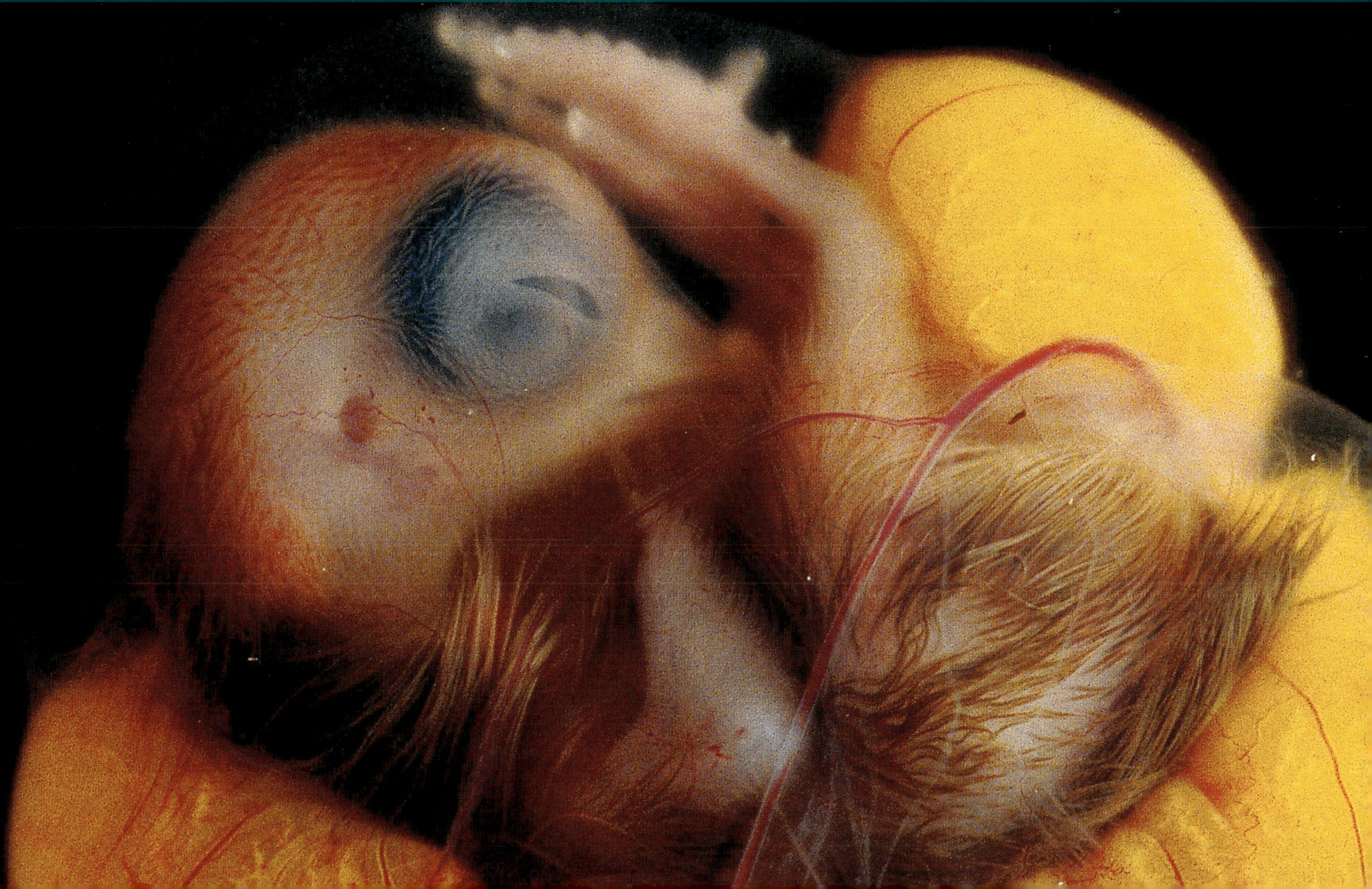

Découvrir et accepter notre parenté avec les animaux fut certainement un grand bouleversement intellectuel et moral, une rupture conceptuelle pour les contemporains de Charles Darwin, l'illustre père de la théorie de l'Évolution. Ainsi donc, l'homme n'est qu'un animal – certes doté de certains traits éminemment spécifiques – un animal dont l'arbre généalogique compte des singes, des rats, des lézards, des salamandres, des poissons, des éponges et des bactéries. Semblable cousinage ne s'accepte pas d'un cœur léger quand on se définit comme le roi de la création.

Ernst Haeckel, ardent prosélyte de l'évolutionnisme en Allemagne, invitait les sceptiques à examiner les jeunes embryons de vertébrés aussi différents qu'un poisson, un reptile, un oiseau et un mammifère : ils sont presque identiques. Tous – l'homme y compris, peut-on ajouter aujourd'hui – arborent une grosse tête, un cœur à deux compartiments, une queue et... des fentes branchiales ! Oui, l'embryon humain de trente jours porte, comme un vulgaire goujon, des ébauches de poches branchiales qui s'estompent rapidement. Cette identité frappante des embryons des vertébrés plaide en faveur d'une origine commune.

Rien de plus émouvant que de saisir cette parenté en regardant ces êtres fragiles aux débuts de leur existence, les embryons de grenouille, troublants homoncules se balançant rythmiquement au centre de leur bulle transparente, le jeune autruchon ou le petit crocodile surpris dans leur œuf, et les petits d'homme filmés dans le secret de leur vie intra-utérine grâce à l'échographie... Images étrangement oniriques, visions d'un âge d'or où disparaissent les frontières entre les espèces, où se dévoile la splendeur de l'enfance de la vie, de toute vie.

Ci-contre : Jeune triton.

Œufs de grenouille.
À l'intérieur, les embryons sont proches de l'éclosion.

… Et les veines tracent dans les corps

les mêmes figures que les fleuves sur la terre…

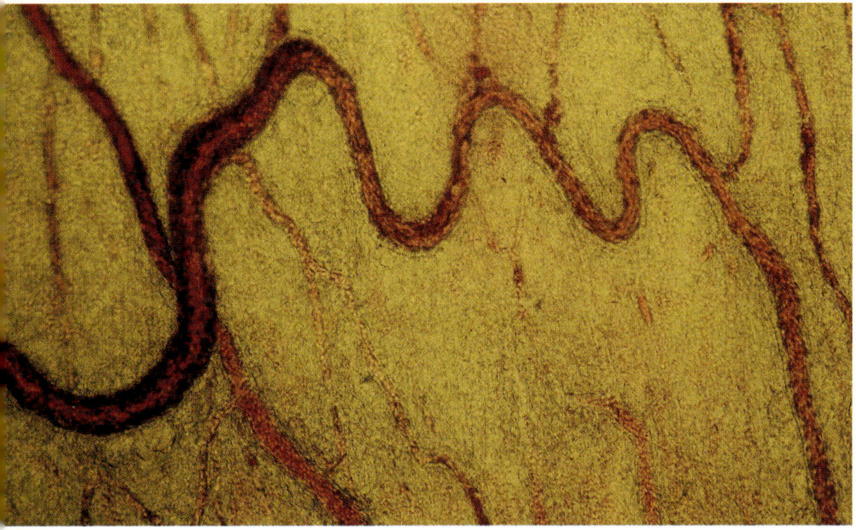

Ci-dessus : À gauche, embryon de poulet, détail de la circulation sanguine. À droite, ruissellement d'eau sur une plage de sable volcanique noir. Page de droite : Estuaire du fleuve glaciaire Markarfljot. Islande.

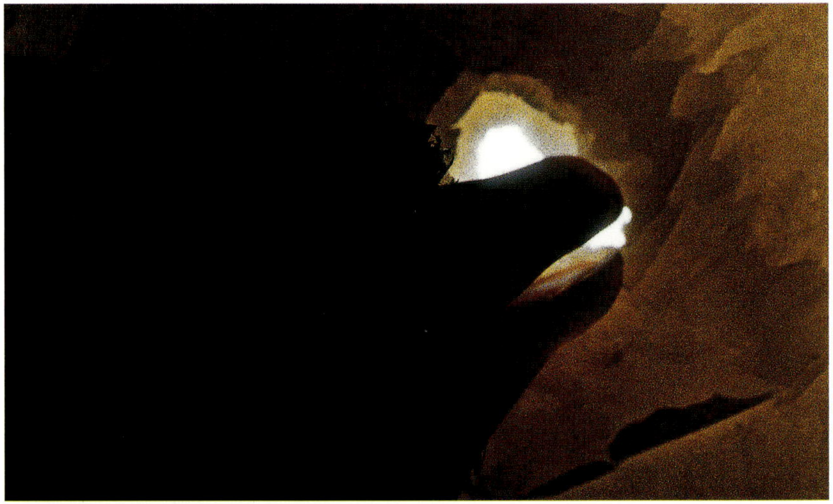
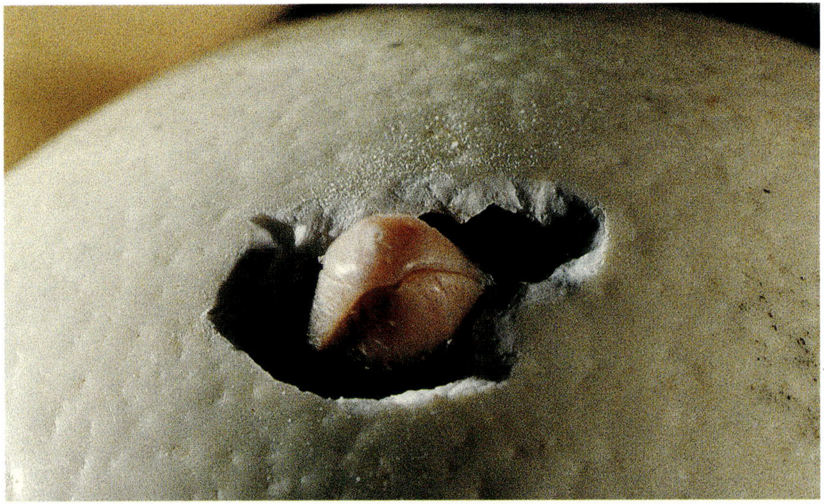
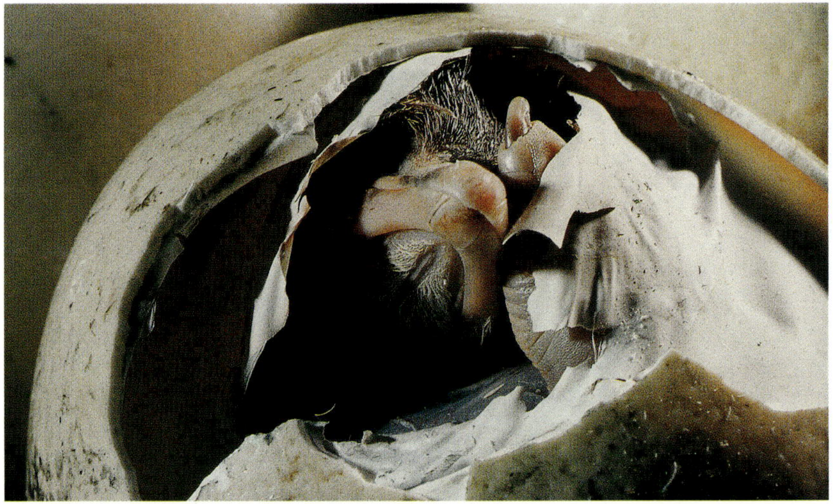

La matière va vers le chaos comme le fleuve va vers la mer… Nous, les vivants, nous sommes comme des pirogues luttant contre le courant du temps. Nous trichons avec le temps. Et lui ne connaît qu'un seul chemin, ne suit qu'une seule pente, celle qui mène vers la dégradation.

Nous préservons notre forme de vivant en détruisant d'autres vivants… Notre existence est toujours le résultat d'un pillage.

Car la vie est cannibale. La vie dévore la vie.

Trois histoires pour faire peur s'ouvrant sur des figures en ombres chinoises que le conteur projette par un jeu de mains sur le mur de sa case. Nous voulions en introduisant ces images évoquant les jeux de l'enfance apporter un parfum de conte au thème de la prédation. Un thème qui habituellement tient une grande place dans les documentaires animaliers où on nous montre des images spectaculaires illustrant une des grandes lois de la nature : « la lutte pour la vie ».

Cette vision d'une nature sans nuance et cruelle n'est pas notre vision, surtout si on se réfère au monde des hommes qui ont inventé la torture et développé les guerres à grande échelle. Contrairement à nous, les animaux ne tuent qu'avec parcimonie, juste ce qu'il faut, pour se nourrir.

Nous avons passé une grande partie de notre vie à regarder la nature, à pénétrer son intimité. Et si l'on nous demandait ce que nous y avons retiré d'essentiel, nous répondrions sans hésiter : avant tout du bonheur et de la sérénité.

Mais il ne s'agit pas de nier à tout prix la violence au sein du monde qui nous entoure puisqu'il faut bien tuer pour continuer à vivre... Du moins chez certains. Pour illustrer cette drôle de règle du jeu, nous avons très vite pensé à un animal qui, à nos yeux, représentait un vrai personnage : la grenouille à cornes d'Argentine. C'est une énorme grenouille, large comme les deux mains réunies, vivant dans l'humus des forêts amazoniennes et ne se déplaçant pour ainsi dire jamais. Invisible parmi les mousses, elle attend qu'une proie – insecte, ver ou même parfois une autre grenouille – passe à quelques centimètres de son museau pour la happer d'un coup de langue. L'opération peut se répéter de nombreuses fois par jour, la grenouille à cornes ne paraissant jamais rassasiée.

Cet appétit hors du commun ajouté à la posture hiératique de l'animal, la majesté de ses formes et des dessins de sa robe, nous fit penser à quelque divinité redoutable des légendes anciennes.

Dès l'ouverture de la séquence, la musique projette le spectateur dans l'univers irréel d'un conte en l'invitant à pénétrer dans la tanière de la grenouille comme dans le repère de l'ogre.

Assister au festin du petit serpent gobeur d'œuf africain, c'est voir de ses yeux ce que le plus élémentaire bon sens refuserait d'admettre. L'expression « avoir les yeux plus grands que le ventre » est faible pour ces agapes gargantuesques.

Ce serpent d'allure modeste, anodine, à la robe beige, au museau arrondi, large d'à peine un centimètre, le voici qui s'immobilise tout près d'un œuf trois fois plus gros que lui. Il lance des petits coups de sa langue bifide contre la coquille pour juger si l'objet est à son goût.

Soudain, il se décide, ouvre sa gueule et enserre dans ses mâchoires sans dents ce volume lisse, cette rotondité dépourvue de prise, totalement disproportionnée par rapport à sa tête. Par malchance, il a attaqué l'œuf par le gros bout et pas tout à fait dans l'axe. Pourtant, l'impossible se produit, la gueule du serpent s'écartèle monstrueusement, sa mâchoire inférieure se sépare du reste du crâne, son cou se tend à craquer, au point que la peau nue apparaît entre les écailles disjointes… et l'œuf disparaît tout entier en une minute de temps. Ainsi est engloutie une proie qui n'est même pas encore née. Quelques oscillations du corps et l'œuf se dégonfle sous la peau comme par magie. Un alignement d'épines osseuses, situées sur les vertèbres du cou et faisant saillie dans l'œsophage, agit à la manière d'une scie. Le contenu de l'œuf s'écoule dans le tube digestif tandis que l'« emballage » – la coquille brisée et compactée – est recrachée avec de puissantes contractions des flancs.

Si on fait abstraction de l'échelle, le serpent gobeur d'œuf, c'est l'image même du dragon qui dévore les planètes, les astres. Ainsi, autrefois, lors des éclipses totales, on pensait qu'un monstre gigantesque avait avalé le soleil…

Mais ce gobeur de mondes est un faux gourmand. Lorsqu'on n'apprécie que les œufs, il faut savoir jeûner des mois durant… car la saison des nids est courte.

Quand nous avons commencé à écrire des livres et à réaliser des films, nous pensions être amenés à voyager dans les pays lointains. C'était ignorer l'étendue du monde qui allait s'ouvrir à nous sans même que nous bougions de la place où nous étions. Pendant des années, nous sommes restés dans la campagne française, nous cantonnant presque exclusivement à deux régions, la Provence et l'Aveyron. Il faut croire qu'a résonné longtemps en nous cette phrase de Rilke tirée des *Lettres à un jeune poète*, qui a hanté notre jeunesse : « Si votre quotidien vous paraît pauvre, ne l'accusez pas. Accusez-vous vous-même de ne pas avoir su appeler à vous toutes ses richesses. »

Des richesses, nous en avons puisé partout où s'attardait notre regard, dans des lieux ordinaires, un coin de jardin, le bord d'un talus, l'espace délaissé d'un terrain vague… Parfois, pourtant, le désir de s'aventurer loin de chez nous pour y découvrir un phénomène exceptionnel devient irrésistible. Ce fut le cas pour le poisson-pêcheur d'Indonésie à propos duquel nous avions vu autrefois un petit film d'amateur, aux images fascinantes, diffusé en boucle au Museum de New York. Nous pensions qu'il serait un héros idéal aux côtés du serpent gobeur d'œuf et de la grenouille à cornes, dans la séquence sur la prédation.

En le découvrant, tout en lui nous parut fantastique. À commencer par son allure. Sans queue ni tête, rond comme une boule, il ne ressemble véritablement à un poisson que lorsqu'il nage (il faut voir avec quelle maladresse…).

Le poisson-pêcheur vit caché dans le récif corallien, dissimulant aux regards son énorme gueule de croquemitaine. Quand un poisson ou une crevette passe à sa portée, il l'attire à lui en abaissant une invraisemblable canne à pêche qu'il porte sur le front, terminée par un lambeau de peau servant d'appât. Le poisson n'a de cesse ensuite d'agiter son appareil tout en surveillant les réactions de la proie, modulant son mouvement sans jamais lui laisser atteindre le leurre.

La capture s'effectue en un éclair. Dans le film, la scène a été tournée à 24 images/seconde et c'est sur une seule image – soit 1/24e de seconde – que l'on voit la gigantesque bouche du poisson aspirer la crevette…

Tout ce qui commence doit finir. Sinon à quoi servirait le temps ? Et le temps, personne ne l'a jamais contrarié. Qui a vu un fleuve remonter vers sa source ou un poussin retourner dans son œuf ?

Le feu dévorant finit toujours par perdre son appétit et s'éteindre. La montagne debout finit par s'agenouiller et s'étendre comme une plaine.

La vie, elle, prend la loi du temps à rebrousse-poil. Elle se construit, croît et embellit dans un monde où tout court vers un plus grand désordre.

Elle fuit le calme et la tranquillité des inanimés et avance comme un funambule en équilibre sur son fil, repoussant sans cesse l'échéance. Mais on ne peut indéfiniment échapper à la flèche du temps. C'est défendu.

Un jour, mon corps abandonnera la lutte et restituera au monde cette matière dont je suis fait. Cette galaxie de milliards d'atomes qui fut moi mourra comme meurent les étoiles, ensemençant l'espace de sa matière. Tous ces atomes qui sont venus danser en moi s'en iront danser ailleurs, trois petits tours, trois petits tours, et puis s'en vont.

Ils migreront dans l'aile d'un papillon, l'écorce d'un arbre, le panache d'un nuage, ou le poil d'une puce, et je laisserai là ma chanson, pour que d'autres la chantent à leur façon…

Tout ce qui commence doit finir. Sinon à quoi servirait le temps ? Et le temps, personne ne l'a jamais contrarié. Qui a vu un fleuve remonter vers sa source ou un poussin retourner dans son œuf ?

Le feu dévorant finit toujours par perdre son appétit et s'éteindre. La montagne debout finit par s'agenouiller et s'étendre comme une plaine.

La vie, elle, prend la loi du temps à rebrousse-poil. Elle se construit, croît et embellit dans un monde où tout court vers un plus grand désordre.

Elle fuit le calme et la tranquillité des inanimés et avance comme un funambule en équilibre sur son fil, repoussant sans cesse l'échéance. Mais on ne peut indéfiniment échapper à la flèche du temps. C'est défendu.

Un jour, mon corps abandonnera la lutte et restituera au monde cette matière dont je suis fait. Cette galaxie de milliards d'atomes qui fut moi mourra comme meurent les étoiles, ensemençant l'espace de sa matière. Tous ces atomes qui sont venus danser en moi s'en iront danser ailleurs, trois petits tours, trois petits tours, et puis s'en vont.

Ils migreront dans l'aile d'un papillon, l'écorce d'un arbre, le panache d'un nuage, ou le poil d'une puce, et je laisserai là ma chanson, pour que d'autres la chantent à leur façon…

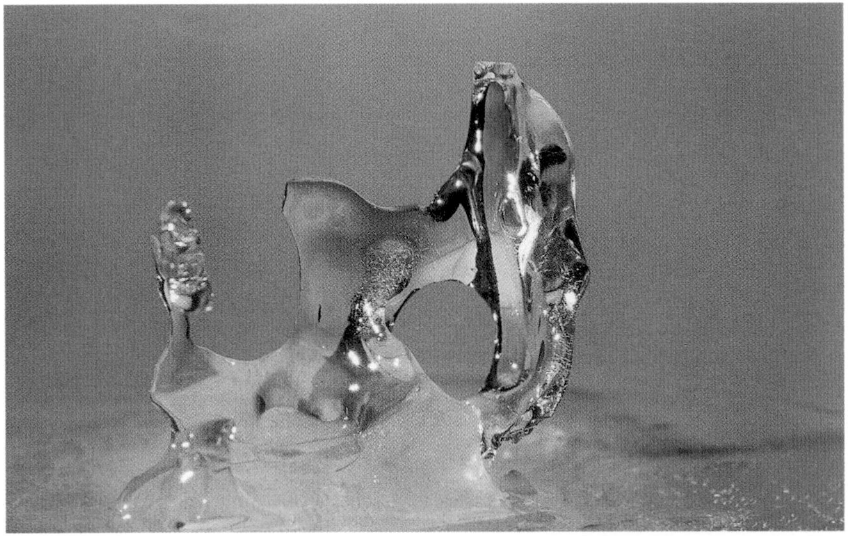

Glace fondant dans la mer.

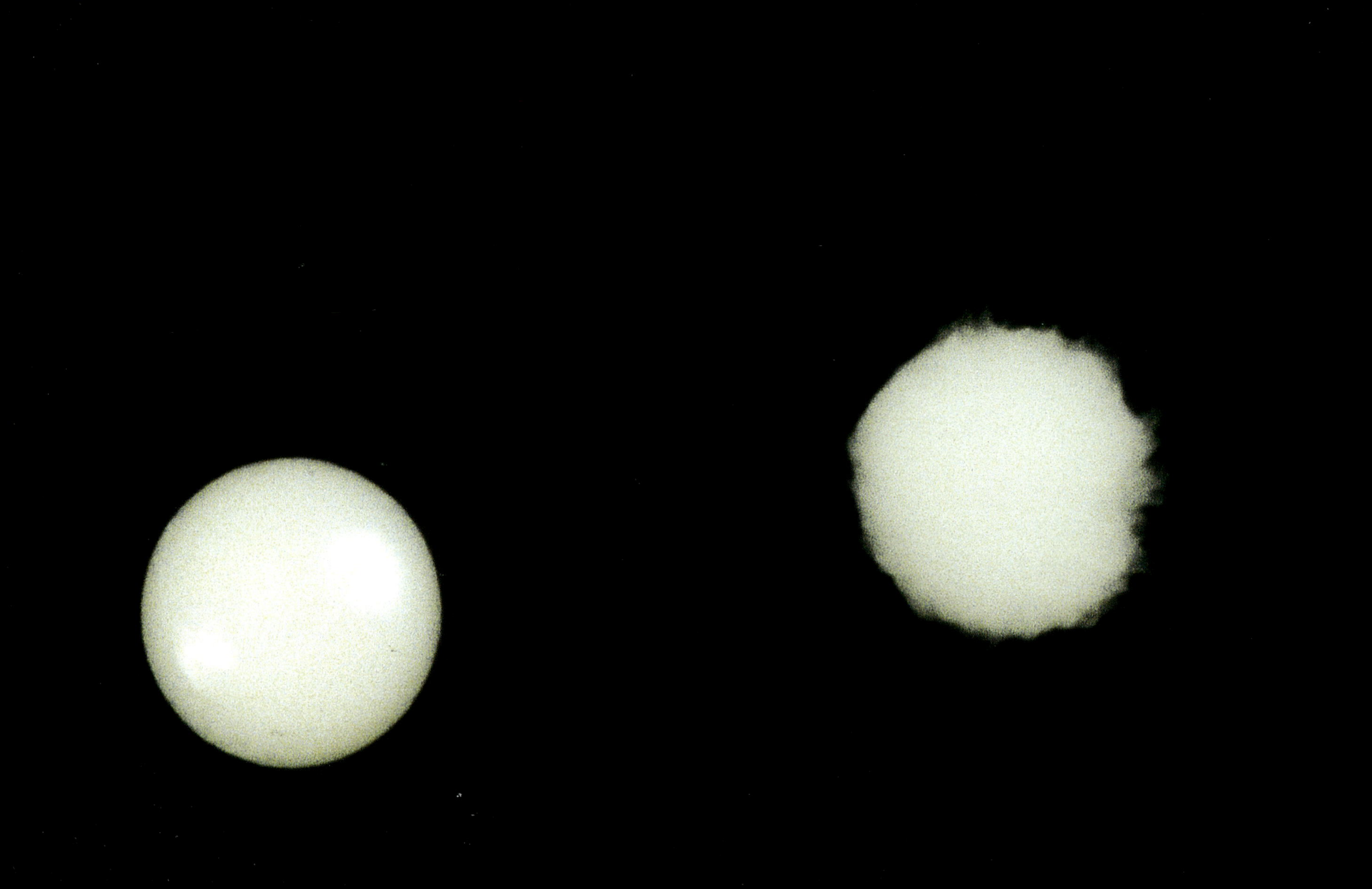

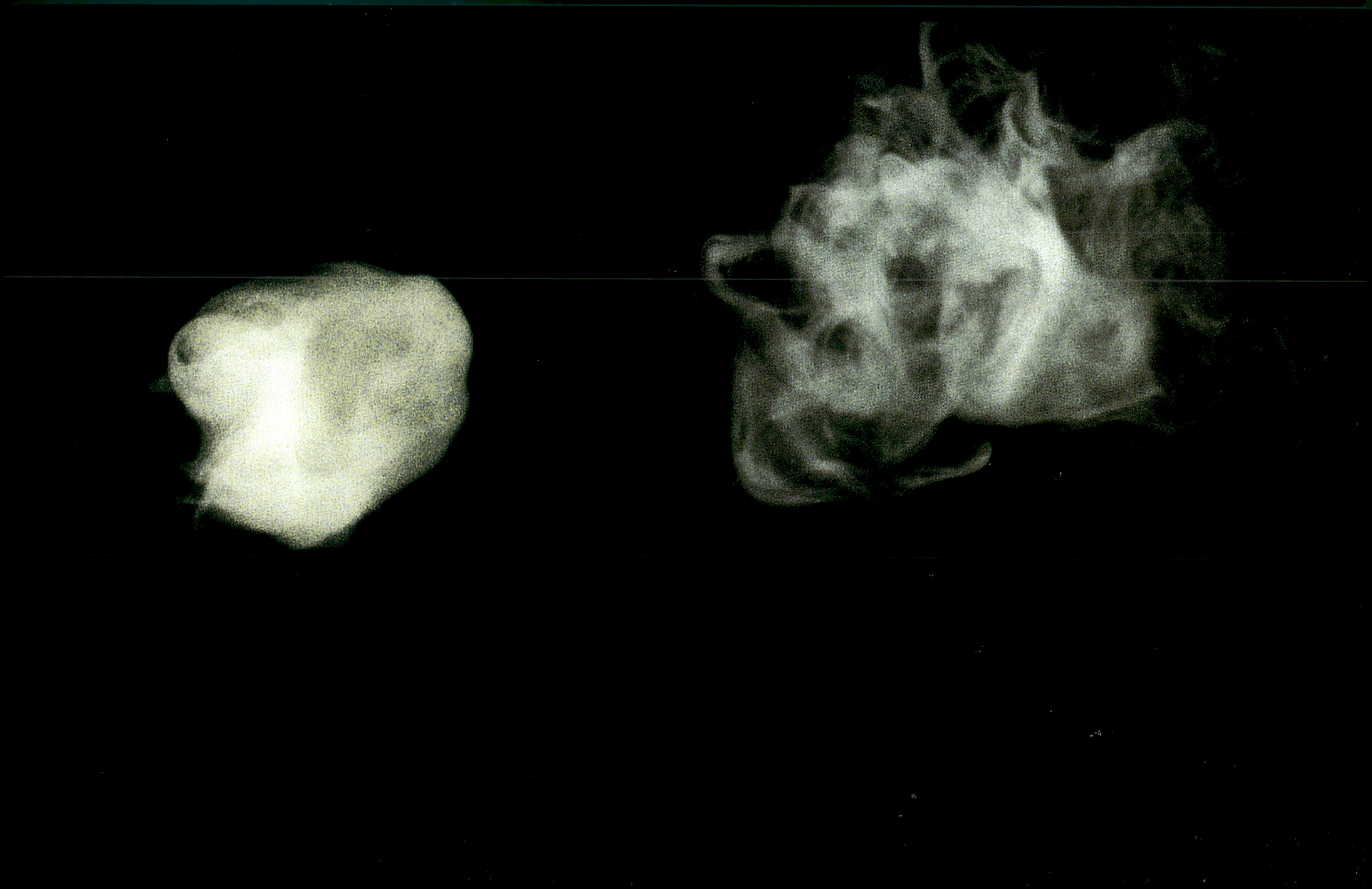

Rainer Maria Rilke disait que nous portons notre mort en nous comme un noyau précieux et qu'il importe de savoir la laisser s'épanouir lorsque le moment est venu.

La vie et la mort sont mêlées comme le thème et le contre-sujet d'une fugue musicale, comme le fil blanc et le fil noir d'un même tissage. On peut en être attristé ou inquiet, mais ce sont là les règles du jeu et elles ne tolèrent aucune tricherie.

Pour traduire visuellement cet épisode ultime de la vie sans lui donner aucun caractère morbide, quelques images nous sont revenues en mémoire. Ainsi, ce souffleur vu dans un petit cirque ambulant, qui emprisonnait un peu de fumée de cigarette dans ses bulles de savon. Filmer la courbe ascendante d'une bulle emplie de brume puis la voir éclater tandis que la fumée se dissipe nous a semblé une métaphore juste.

La sculpture de glace qui fond et se dissout entièrement dans l'eau, c'est une évocation de la forme individuelle qui, au moment de la mort, sombre dans l'indistinction, s'évanouit dans le Tout. Quant aux pétales de cerisiers tournoyant dans l'eau d'un ruisseau, ils sont un peu comme les confettis dispersés dans les caniveaux au lendemain des fêtes…

Mais nous voulions aussi montrer le travail de la mort, cette métamorphose qui s'empare des corps et les dilue dans la matière environnante. Nous avons aussitôt pensé à la méduse, faite de 98 % d'eau, et qui disparaît avec une telle élégance, une telle discrétion, lorsqu'elle s'échoue sur la plage, ne laissant d'elle – après quelques heures au soleil – qu'une légère dépression dans le sable humide.

C'est ainsi que, sans nous en rendre compte, nous avons renoué avec la tradition des « Vanités », ces natures mortes qu'aimaient composer les peintres flamands, au XVIIe siècle, pour évoquer la fragilité, l'instabilité, la fugacité des formes du monde et de l'existence humaine, avec ces figures récurrentes des bulles de savon, fleurs perdant leurs pétales, chandelle sur le point de s'éteindre, sablier, coupes de fruits…

Pêche tombée au sol, pourrissant.
La série d'images a été réalisée
sur 4 jours.

Une feuille tombe du haut d'un arbre. Arrivée au sol, elle se mêle au tourbillon de feuilles mortes que le vent emporte. À la danse macabre des feuilles mortes s'enchaîne la danse de vie des vols d'oiseaux, des bancs de poissons, des essaims de fourmis volantes…

Certaines images du film se sont très tôt imposées à nous sans que nous sachions toujours dans quelle séquence précise elles allaient figurer. Avant même d'écrire le scénario, dans cette phase du travail d'élaboration très stimulante où les idées fusent dans le désordre, nous savions que la scène où l'on voit une feuille morte en train de tomber aurait sa place quelque part. Nous n'y aurions peut-être pas pensé si cette vision de feuille ne s'était présentée d'elle-même à nos yeux, comme un signe venu du ciel, un après-midi d'automne, à Tours où nous étions de passage. Dans une petite rue qui longeait un parc, une feuille de platane venait de se détacher du sommet d'un arbre et planait, nimbée d'une lumière très douce, en dessinant dans l'espace étroit de la ruelle un mouvement en spirale qui nous parut ne jamais vouloir s'arrêter…

C'est tout naturellement ensuite que nous avons inséré cette image symbolique, très simple, d'un temps en suspens juste avant le plan du tourbillon de feuilles mortes, à ce moment du film où le conteur annonce que « tout ce qui commence doit finir ». Le tourbillon des individus s'éteint. Le tourbillon de la vie se poursuit sans fin. Nous, les êtres vivants, notre corps meurt, mais la matière dont nous sommes faits va se recombiner ailleurs. Les atomes créés après le Big Bang sont immortels et leur nombre ne change pas. Reconvertis d'être en être, ils passent du sable aux nuages puis peut-être à un visage pour se retrouver ensuite dans un fleuve…

Pour ces images de foules d'oiseaux et de poissons tournoyant en une sorte de vaste ronde dans le ciel et la mer confondus, nous avions pensé que la musique pourrait être une musique de danse. Peut-être une valse ou une samba. C'était avant que Bruno Coulais ne nous propose la musique la plus juste qui soit pour cet avant-final du film : une musique de fanfare.

LA GENÈSE DU FILM

Être vivant, c'est tisser une histoire
entre un début dont on ne se souvient plus
et une fin dont on ne connaît rien.

L'ÉTINCELLE

À travers nos livres et nos films, nous avons consacré l'essentiel de notre travail à questionner la vie. À tenter de comprendre non seulement nos propres vies mais aussi à interroger celles des animaux, ces grands témoins muets qui semblent toujours aborder l'existence de plein fouet, sans esquives ni faux-semblants, qui se brûlent d'un feu ardent au contact d'un éternel présent, un présent qui les baigne de sensations.

Après *Microcosmos*, nous cherchions un moyen d'évoquer la vie de façon plus ample, plus universelle, une manière de retourner nos jumelles à l'envers, d'embrasser l'espace entier, l'infini, au lieu de grossir un tout petit espace. Cette fois, nous souhaitions intégrer l'homme à notre « rêverie », un peu comme les anciens Grecs, qui établissaient une analogie, une correspondance entre le corps de l'homme, *mikrokosmos*, et l'étendue de l'univers, *makrokosmos*, dont il était l'image en réduction, partie pour partie, manière poétique de faire de l'homme un petit univers et de l'univers un personnage vivant.

Alors l'instinct nous a fait sortir de notre bibliothèque un livre que nous n'avions pas ouvert depuis des années, *La Création*, du grand photographe d'origine autrichienne Ernst Haas, publié en 1971, un album d'une centaine de photographies accompagnant le récit de la Genèse de l'Ancien Testament.

Et ces images agissent comme un catalyseur sur nos réflexions. Mais nous décidons d'oublier le texte biblique et de raconter l'histoire de la Genèse telle qu'on peut se la représenter aujourd'hui. Une histoire qui s'appuie non plus sur un récit religieux mais sur un état des connaissances actuelles et conserve cependant toute la puissance d'un mythe dont elle continue à assumer la fonction.

Toute société se reconnaît dans un mythe fondateur, récit légendaire qui raconte l'origine de l'homme, des animaux, de la terre et de la mer, la création de l'univers… L'homme occidental, tout

Page de gauche :
Baie à Fort-Dauphin.
Madagascar.

pétri qu'il soit de rationalisme, se forge lui aussi sa mythologie à partir des découvertes de la science, depuis le big bang comme origine de l'univers jusqu'à la théorie de l'évolution comme origine de l'homme.

Mythes et science se rencontrent ainsi dans la même fonction : proposer à l'esprit humain une représentation cohérente du monde et de ses origines. Et le discours de « vulgarisation scientifique », qui fait largement appel aux métaphores pour se rendre intelligible, réinvente l'art de la fable.

LE CONTEUR

Ainsi voulions-nous faire de *Genesis* un « conte vrai ». Mais pour donner vie à un conte, il faut un conteur. À qui confier cette mission? L'Occident a perdu ses conteurs. Les grands-mères qui puisaient dans leur mémoire des histoires fabuleuses, assises au coin du feu, ne sont plus de ce monde. Alors très vite nous reviennent à l'esprit une silhouette, une voix… Une silhouette mince et noble, très longue, des mains aux doigts interminables, des gestes amples et posés, une voix calme et chaleureuse, à l'accent légèrement chantant, une voix qui nous fait voir mille choses par les yeux de l'esprit. Nous l'avons admiré dans *La Tempête* de William Shakespeare, mis en scène par Peter Brook et dans bien d'autres spectacles créés par la même troupe. C'est le grand acteur Sotigui Kouyaté, descendant d'une illustre famille de griots du Burkina Faso. Nous écrivons chaque mot du texte en entendant le grain de sa voix, son inimitable mélodie. Quand vient le moment de le contacter pour lui proposer ce rôle, nous avons acquis la certitude que, sans lui, ce film n'a plus de sens. Heureusement, Sotigui nous rencontre et nous écoute tranquillement, avec un léger sourire : mais oui, il accepte de tenter l'aventure…

Marie coiffant Sotigui. Madagascar.

Entendre raconter l'histoire de la Vie sur Terre par un conteur africain nous fait redécouvrir ce récit avec un éclairage, une musique, une distance différents. Ce discours scientifique qui éclaire nos origines, né dans nos sociétés occidentales, nous est soudain révélé comme une manière de

conte, une construction mythologique, puisque aussi bien cette réalité scientifique aura comme destin d'être dénoncée, révisée par des découvertes ultérieures.

Ainsi, nos beaux discours, corsetés de rationalité, gorgés de certitudes et d'affirmations gagnent-ils un charme inattendu lorsqu'ils sortent de la bouche d'un homme issu d'une autre culture. Ils revêtent soudain une parure étincelante qui nous ouvre le chemin perdu des légendes.

Genesis sera donc introduit, raconté, par un griot africain, à la fois sage et enfant, sorcier et prestidigitateur, démiurge et simple mortel. Un homme valant pour tous les hommes. Il apparaîtra en contrepoint aux séquences animales, pour ouvrir les différents « mouvements » du film.

C'est un enchanteur dont les paroles ont le pouvoir de nous projeter au cœur du royaume magique des vivants. Quelques objets – un chaudron où fume un mystérieux breuvage, une louche, un peu de sable, de la fumée, un feu de bois… – sont les fétiches par lesquels il peut instantanément évoquer tel épisode de la Genèse dont les images suivent en enchaîné.

Le passage entre le conteur et les scènes animales se fera par le jeu d'analogies visuelles. Il crée des bulles de savon qui se transforment en microbes, souffle des ronds de fumée qui se métamorphosent en méduse, fait apparaître à la surface de sa marmite une île déserte puis des amas d'écumes pris d'amour…

Mais ce conteur-là a ceci d'unique qu'il est aussi un des personnages du conte et sans doute le plus surprenant. Un vivant qui s'interroge sur la vie, un conteur qui s'émerveille sur le sens du conte.

Car raconter l'histoire de la Vie, c'est aussi raconter sa propre histoire. Chacun d'entre nous rejoue la Genèse pour son propre compte, naît comme naquit un jour la Vie, se développe et meurt comme ont évolué les espèces au cours des millénaires…

Page de gauche : Forêt dans la région de Ranamafana. Madagascar. Ci-contre : Sotigui pendant une pause. Madagascar.

Et chacun de nous, dans sa « vie d'avant la naissance », dans le ventre de sa mère, a connu d'étonnantes métamorphoses avant de naître sous forme humaine, récapitulant, dans un vertigineux accéléré, les grandes étapes de l'évolution des êtres vivants.

LES PERSONNAGES ANIMAUX

Tels les personnages pittoresques et fantastiques d'un conte, tantôt familiers, tantôt déroutants, ce sont les animaux qui viendront mimer, avec toute leur force expressive et symbolique, le discours du conteur. Ils seront les acteurs de la comédie de la vie et traduiront les grandes pages de cette Genèse à la fois moderne et intemporelle.

Ainsi, loin des documentaires animaliers traditionnels, l'animal retrouvera dans *Genesis* sa vraie stature. Il ne sera plus un anonyme objet d'étude mais une métaphore vivante, un personnage de mythe, diable ou divinité, source de terreur ou d'émerveillement, parent inavouable ou frère accepté, miroir révélateur de notre propre condition, hantant nos rêves et nos cauchemars.

Chaque personnage animal incarnera une image, une péripétie, un épisode de l'histoire de la Vie.

Ainsi choisissons-nous peu à peu les héros de notre conte. Cette distribution des rôles aboutit parfois à des choix qui peuvent paraître surprenants. Pour la séquence sur l'amour, nous avons tranché en faveur des crapauds et des araignées. Non pas par provocation – nous avons conscience que les crapauds ne sont pas des Adonis et que les araignées ne bénéficient pas d'un capital de sympathie considérable – mais parce que nous sommes persuadés que si nos images parviennent à rendre émouvantes ces créatures, alors le spectateur ressentira pour elles une empathie bien plus troublante et profonde qu'elle n'aurait pu l'être avec des animaux plus attirants. C'est précisément cette distance entre eux et nous qui rend ce sentiment soudain de fraternité plus fort. Lautréamont affirmait, dans ses *Chants de Maldoror*, que rien n'était beau « comme la rencontre d'un parapluie et d'une machine à coudre sur une table d'opération », phrase qui faisait les délices des poètes surréalistes. Eux-mêmes déclaraient haut et fort que plus éloignés sont les deux termes d'une comparaison, plus fort sera l'effet poétique obtenu. Ainsi en est-il de deux électrodes, entre lesquelles l'étincelle

Page de gauche : Au-dessus des vallées glaciaires à Porsmörk. Islande.
Ci-contre : Hippocampe. Portrait.

sera d'autant plus vive qu'on aura augmenté la différence de potentiel… Peut-être nos crapauds et nos araignées sont-ils les meilleurs messagers pour nous parler d'amour parce que rien, dans leur apparence, ne semble les prédisposer à ce rôle, parce que l'intérêt qu'on peut éprouver pour eux ne résulte pas d'un grossier effet d'anthropomorphisme… Et comme, en art, il n'est pas de règle qui ne vaille aussi par ses exceptions, nous n'avons pu résister à clore ces jeux de l'amour par un épilogue exacerbant ouvertement cette tentation de l'anthropomorphisme que nous venons de récuser : les démonstrations affectueuses des perroquets Inséparables. Péché avoué…

Page de gauche : Grenouille rouge de Madagascar.
Ci-contre : Marie sur les pentes du volcan Alcedo. Galapagos.

FAIRE JOUER LA MATIÈRE

Si la place des animaux a été assez rapidement établie dans notre scénario, la façon dont nous pourrions figurer la naissance de l'univers, les débuts de la Terre encore en fusion, ou bien le moment du grand déluge, lorsque se condensa la vapeur d'eau de l'atmosphère, fit l'objet de plus longs débats…

Nous avons éliminé d'emblée tout recours à des images de synthèse : si les animaux d'aujourd'hui peuvent nous raconter de manière convaincante l'histoire de la vie, ne pourrait-on trouver, dans la matière qui nous environne, les éléments propices à cette évocation du début du monde ? Et la matière réelle est bien plus inventive – plus imprévisible aussi, il est vrai – que ne pourront jamais l'être les fruits des ordinateurs calculateurs d'images. Traitons la matière comme un acteur à part entière et regardons la palette de « jeux » qu'elle peut nous proposer…

Depuis que nous captons des images, nous avons toujours été attirés par les changements d'échelle, par cette brusque métamorphose du regard et de l'esprit qu'engendre la vision de ce qui est ordinairement interdit à notre œil : macro et microphotographie, astrophotographie, photographie et cinématographie à grandes vitesses… Il s'ensuit que, tout naturellement, nous imaginons filmer le big bang, la grande déflagration originelle de l'univers… dans un aquarium. Nous

construisons une cuve de verre haute et étroite, plaçons la caméra au-dessous, l'objectif vers le haut, disposons horizontalement un velours noir mat au-dessus de l'ensemble et lâchons à la surface de l'eau une pincée de poudre fine – que le lecteur nous autorise à taire sa vraie nature – dont les particules scintillantes tombent, ralenties par la viscosité de l'eau et se dispersent progressivement tout en avançant vers l'objectif, tandis que la caméra, pilotée à distance par un « motion control » de haute précision, se déplace lentement vers le bas. Après quelques semaines d'essais, nous sommes parvenus à un résultat qui nous convient.

Page de gauche : Iguane sortant de la mer. Galapagos.
Ci-contre : Filmant les périophtalmes près de Diego Suarez. Madagascar.

Pour la Terre incandescente, nous avons mêlé des prises de vues de phénomènes volcaniques, réalisées en Islande, à des images de laitier en fusion (le terme laitier désigne les impuretés issues de la gangue des minerais naturels), filmées à l'aide d'un puissant téléobjectif dans un haut fourneau.

Enfin, c'est en Islande aussi que nous avons réuni toute l'imagerie des pluies, des tempêtes, de la formation des mers. Là encore, jouer sur les transpositions d'échelle nous a beaucoup aidés. En utilisant des vitesses de prises de vues élevées pour ralentir le mouvement, nous avons cadré d'étroites portions – souvent inférieures à un mètre de large – de chutes d'eau très puissantes. Les mouvements massifs, tourbillonnaires, explosifs, de l'eau donnent une sorte de monstrueuse folie aquatique, un spectacle de forces naturelles déchaînées… que nous n'aurions jamais obtenu en filmant une tempête en mer. Nous avons d'ailleurs, lors du montage, tenté d'intégrer dans cette séquence des fragments d'un tournage effectué en Bretagne, par très gros temps, et nous avons dû y renoncer : les vraies vagues ne pouvaient rivaliser avec la tourmente vertigineuse des cataractes islandaises.

TOURNAGES EN CHAMBRE ET TOURNAGES D'AVENTURES

Nous n'avons jamais ressenti comme une contradiction stylistique le fait de tourner tantôt en extérieurs, tantôt en studio et souvent pour des plans figurant dans une même séquence.

À condition de disposer d'un local aux portes mêmes du milieu où ils vivent et d'y installer tous les éléments naturels dont ils ont besoin, nos acteurs-animaux pourront y être filmés dans leurs actes quotidiens sans être perturbés. Il suffit d'être patient et de leur laisser le temps de s'habituer à ces petites modifications de leur environnement puis, dès les prises de vues achevées, ils réintégreront leur milieu d'origine, à quelques mètres de là. C'est ainsi que nous avons en partie procédé à Madagascar, avec un studio situé dans la forêt primaire et l'autre au bord d'une vaste mangrove. Il va sans dire que nous y avons également beaucoup tourné en milieu naturel.

Filmer en studio, ce n'est pas, à notre sens, tourner le dos à la nature et opter pour l'artifice. C'est au contraire essayer de retrouver, avec toutes les ressources qu'apporte le studio – lumière, organisation du décor naturel, machinerie – l'émotion juste que nous avons ressentie dans la nature, l'image forte qui a ébloui un instant nos yeux et qu'il serait sans doute impossible de jamais retrouver par le simple fait du hasard. Et puis rien n'est plus passionnant que de réinventer la lumière du soleil dans les herbes, l'ombre sur le sol des feuilles agitées par le vent, le reflet du ciel sur les flaques d'eau…, et de s'apercevoir à quel point la simple courbure d'une tige de graminée peut être essentielle pour retrouver le charme de la scène désirée, la scène de nos souvenirs, avec tous les embellissements du travail de la mémoire.

Page de gauche : Cascade de Dettifoss. Islande.
Ci-contre : Claude filmant, en pirogue à balancier, dans la mangrove. Baie des Sakalava. Madagascar.

Dès l'écriture du scénario, nous avons voulu limiter le nombre de sites de tournage, ne pas perdre notre concentration en nous dispersant dans d'incessants voyages, aussi intéressants

fussent-ils, mais privilégier le « travail sur le motif » comme disent les peintres : revenir quinze jours durant sur le même rocher d'une île des Galapagos, identifié très précisément lors des repérages.

La qualité des images étant pour nous essentielle, nous sommes restés fidèles au format 35 millimètres… avec le pesant et encombrant matériel qu'implique cette option. Des outils davantage conçus pour l'équipe étoffée d'un film de fiction que pour un couple de réalisateurs-opérateurs aidés de leurs deux seuls assistants. Il a donc fallu concevoir des claies de portage robustes et légères pour amener les caméras dans les lieux les plus accidentés, ainsi que des containers étanches indispensables pour le tournage aux Galapagos, lors des parcours en dinghy, sur une mer pas toujours calme et pour aborder des rivages souvent glissants.

Page de gauche : Goutte de rosée sur une feuille de laitue sauvage.
Ci-contre : Cuvette de boue brûlante près de Myvatn. Islande.

Parfois enfin, les moyens locaux nous ont été d'un précieux secours, ainsi les pirogues à balancier qui ont fait merveille, à Madagascar, pour réussir de lents travellings dans les eaux peu profondes de la mangrove…

L'ŒIL ET L'OREILLE

Nous sommes tous de grands « visuels ». Quand nous assistons à une projection, notre attention est accaparée par l'image tandis que les sons – à l'exception notable des dialogues – pénètrent moins directement notre conscience. Pourtant, nous n'avons jamais douté, comme réalisateurs, que la part sonore d'un film était aussi déterminante que sa part visuelle. Mais sons et images ne jouent pas à armes égales. Tandis que le spectateur décrypte les formes lumineuses qui se succèdent sur l'écran, des sons ne cessent de parvenir à ses oreilles, des sons qu'il n'a pas le temps de faire passer à travers le crible d'une véritable analyse. Ce qui peut sembler une sévère limitation se révèle être un atout. Les sons parviennent à nous à la manière de marchan-

dises de contrebande : toujours dissimulés derrière la toute-puissance des images et passant inaperçus la frontière de notre perception. C'est pourquoi leur empire sur l'imaginaire du spectateur est si marqué. Ils frappent en droite ligne au cœur de l'inconscient.

Dans un film, le travail sur le son est un travail sur l'imaginaire. On peut s'autoriser une bien plus grande liberté, s'affranchir du réalisme bien davantage que dans le domaine des images. La même séquence peut être comprise de deux manières opposées selon les sons qui l'escortent. Les sons représentent la part secrète des images, ils les font pénétrer plus loin dans le labyrinthe de notre espace mental.

Nous n'avons jamais entrepris de travailler sur un projet de film sans que la musique y figure immédiatement comme une pièce essentielle de l'édifice, comme une clé de voûte. Bien que la nature, les animaux, les plantes constituent le terreau qui nourrit nos projets, nous ressentons comme indispensable d'apporter une sorte de contradiction, de contrepoint à cette « matière naturelle ». La musique, c'est une façon de prendre ses distances avec le naturalisme pur et dur, c'est introduire une dimension fictionnelle dans les scènes animales, faire s'épanouir tout un registre métaphorique et même mythologique autour de la personnalité des animaux. Car ce qui rend si fascinants les animaux, au-delà de leur aspect et de leurs gestes, c'est qu'ils sont des incarnations infiniment énigmatiques de la question de l'existence. Et la musique est sans égale pour exprimer le mystère de l'être.

Nous avons imaginé *Genesis* comme une sorte de conte musical. Un récit au parfum de légende, irrigué de musique, de sons et d'images. Un appel qui puisse faire résonner en nous ce sentiment à la fois familier et bouleversant, cette évidence pétrie d'étrangeté, qui nous murmure : « Tu es vivant. »

Page de gauche : Chaos de laves couvert de mousses, dans l'Eldhraun. Islande.
Ci-contre : Sous les cerisiers, dans la « vallée blanche ». Aveyron.

Légendes

p. 10-11 : Fumerolles et glace dans les montagnes de rhyolithe. Landmannalaugar. Islande.

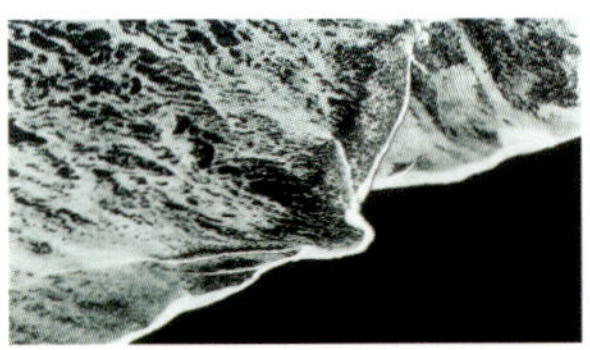

p. 16 : Ressac sur la plage de sable noir, vu depuis les falaises de Vik. Islande.

p.17 : « Cascade rouge ». Raudufoss. Islande.

p. 19 : Levée du jour sur le fjord Mjaifjordur. Islande.

p. 20 : Tourbillon sous la surface de l'eau.

p. 21 : Cuvette d'eau bouillante à Geysir. Islande.

p. 22-23 : Geyser à Geysir. Islande. Le mot geyser vient du nom de la localité islandaise.

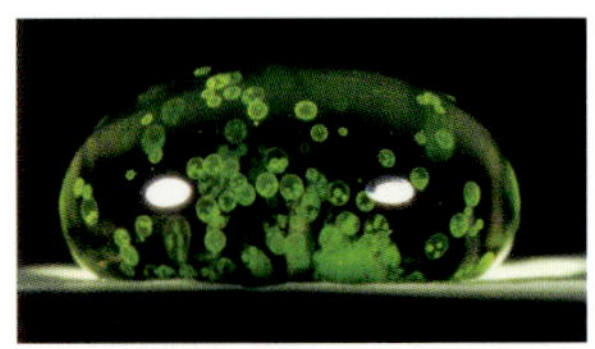

p. 26 : Colonies d'algues microscopiques (Volvox) dans une goutte d'eau.

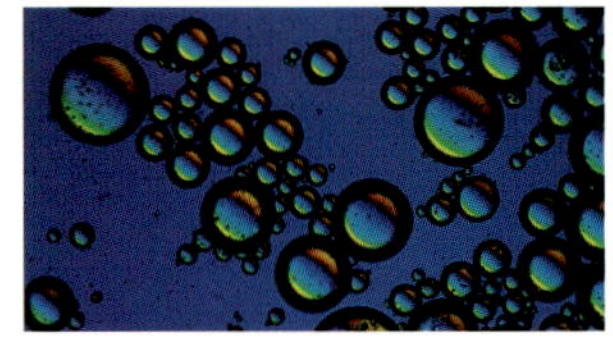

p. 27 : Micro-gouttes d'huile dans l'eau.

p. 29 : Goutte de lait dans l'eau, quelques secondes après son impact.

p. 31 : Méduse Aurelia.

p. 33 : Tourbillon dans les eaux glacées du fjord Hornafjördur. Islande.

p. 44 : Caméléon Furcifer. Madagascar.

p. 45 : Caméléon Brookesia. Madagascar.

p. 46. En haut à gauche : Gecko Phelsuma en ombre chinoise sur une feuille de bananier. Madagascar. Autres photos : Grenouille arboricole Boophis. Madagascar.

p. 47 : Tortue éléphantine au bord du cratère du volcan Alcedo. Galapagos.

p. 59 : Cascade de La Roque. Aveyron.

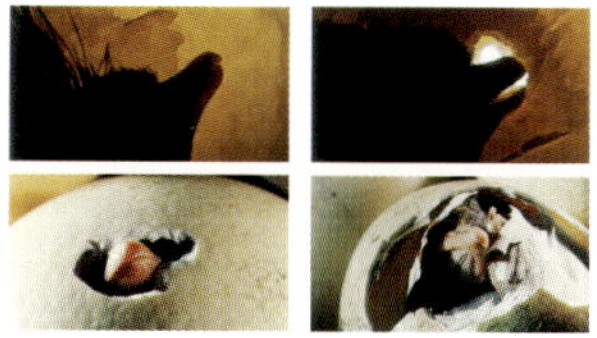

p. 86 : Naissance d'un autruchon.

p. 112 : Méduse échouée sur la plage, s'évaporant au soleil. Le temps écoulé entre la première et la dernière image est de 5 heures.

p. 118 : Banc de carangues. Atoll de Rangiroa. Polynésie.

p. 119 : Rassemblement d'étourneaux sansonnets. Normandie.

p. 123 : Mangrove à Madagascar, région de Mahajanga. En bas à droite, la pirogue de Sotigui.

pages de gardes : Croissance de microcristaux de vitamine C.

Écriture visuelle : Benoit Nacci

Achevé d'imprimer en septembre 2004
sur les presses de l'imprimerie Kapp et Lahure
à Évreux
ISBN: 2-7324-3207-5
Dépôt légal: octobre 2004

Nous remercions :

Maître JACQUES-GEORGES BITOUN
ROLAND ALBIGNAC, conseiller scientifique pour les tournages à Madagascar et aux Galapagos
ANDRÉ PEYRIÉRAS à Madagascar
JEAN-JACQUES† et ARLETTE PETTER
JEAN-MARIE ORLANDINI
ANNE CAROFF – LEICA MICROSYSTÈMES
LUC FOUGEIROL de la Ferme aux Crocodiles à Pierrelatte
JEAN MORTELMANS – Les usines de SAINT-GOBAIN PAM à Pont-à-Mousson
À l'UNESCO, M. FRANCESCO BANDARIN, directeur du Patrimoine mondial
et M. NATARAJAN ISHWARAN, directeur adjoint du Patrimoine mondial
AIR MADAGASCAR
FRANÇOIS «Pancho» GOUYGOU – REPTILAND, à Martel
BERTRAND JOUANNE et MARC MAILLET (tournage Islande)
RAFI TOUMAYAN (conseil et assistance pour le serpent gobeur d'œuf)
ROBERT JARRY et le Club ornithologique du Rouergue
Le docteur DANIEL ZARCA
DENIS PORACCHIA
HENRI et MARIE-THÉRÈSE LAURENS
PASCAL et DOMINIQUE ARNAUD
CHRISTIAN BERNARD
YVES ANGOY
CHRISTOPHE SURBIER
LUC GOMEL, directeur des collections, Université Montpellier II
GUY BRUGEROLLE, laboratoire de Biologie des Protistes, Clermont-Ferrand
JEAN-PIERRE BRILLARD, FLORENCE BATELLIER, station de Recherche avicole, INRA, à Tours
DOMINIQUE FAUCHER (Techni-Ciné-Phot)